CHICKEN

衝撃的に
おいしい
鶏むね
レシピ

田中伶子クッキングスクール校長
中村奈津子

カリフォルニア料理は
カラフルで
食欲をそそる

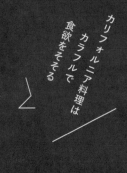

カリフォルニアに住んでから、健康意識が高まり、
鶏むね肉のおいしさに目覚めました！

実は私、鶏むね肉は価格が安いのはいいけど、パサパサ感が気になって日本にいるころはもも肉を使うことのほうが多かったのです。そんな私を心変わりさせたのは、2021年から住み始めた米国カリフォルニア州オレンジカウンティでの経験。一般に欧米では、もも肉よりむね肉のほうが人気が高く、上品な味わいが評価されているのです。日本人は魚料理のおいしさや食べ方をよく知っていますが、肉に関しては欧米に学ぶことはたくさんあります。おまけに健康志向の夫は、断然むね肉派。この機会にむね肉のおいしい食べ方に向き合わない手はありません。

むね肉のレシピは世界中にたくさんあり、アメリカにもチキンナゲットやケイジャンチキン、サラダチキンと有名なレシピが多数。人気のレシピだけあってどれもおいしい！　なかでも私がもっとも「使える！」と感激したのがブラインという下ごしらえ

開放的な屋外飲食
鶏料理も豊富です

スーパーには
鶏むね肉が
ズラリ！

の方法です（6ページ参照）。むね肉を塩・砂糖水につけるだけという、気が抜ける
ほど簡単な方法ですが、これだけでしっとりと柔らかくなるのです。これでパサパ
サとはさようなら。今では買ってきたら必ずやっています。

また、むね肉の淡泊な味わいは、和洋中、どんな味つけにもよく合うこともわかり
ました。チーズや卵などを合わせて味に深みを与えたり、香味野菜でアクセントを
つけたりすることもできます。カリフォルニア在住も3年がたち、レシピもずいぶん
増えました。チキンピカタやミラネーゼは、毎週作っているほどの我が家の定番。
最近ではディアボラ風チキンも家族に好評です。この本の中から、みなさんのお気
に入りができるのを心から願っています。

中村奈津子

我が家では
お酒に合う食事が
多いですね

ファストフードだって
この景色で
食べれば ♡

ONTENTS

1

ENTREES
おかず&主食

2

SALADS

シンプル
チキンサラダ

3

APPETIZERS

おつまみ

〈本書の決まりごと〉
・本書のレシピは主に2人分ですが、4人分または作りやすい分量のものもあります。
・小さじ1は5㎖、大さじ1は15㎖、1カップは200㎖、米1合は180㎖です。
・塩ゆでの塩の分量は材料に記載していません。オリーブオイルは、エキストラ・バージン・オリーブオイルを使用しています。
　洋風スープ、中華スープは、それぞれ市販の洋風スープの素、中華スープの素、鶏ガラスープの素などを利用することができます。
　商品パッケージの表記を目安に調整してください。
・しょうがが1かけ、にんにく1片とは、親指の先くらいの大きさを目安にしています。
　野菜は特記がない限り、皮をむいてからの調理を書いています。
・コンロや電子レンジ（本書は600Ｗを使用）の火加減や加熱時間は目安です。
　オーブンはガスオーブンを使用した場合のレシピです。
　いずれもお使いの機種によって差がありますので、様子を見て適宜調節してください。

TIPS FOR COOKING
TENDER CHICKEN BREASTS
鶏むね肉をよりおいしくするコツ

味気なくて、パサパサしているという印象を持たれがちな鶏むね肉。
ちょっとしたコツでグッとおいしくできるのです。ご紹介するのは、
下ごしらえ、切り方、加熱の3つの方法。いつものレシピをおいしくできます。

1
下ごしらえ編

むね肉は水分量が多く、傷みやすいので、買ってきたらすぐに下味をつけておくと保存性が増します。味がしみにくいので、下味をつけておくことで味わいも増します。なかでもすべてのレシピにおすすめしたいのは、グッと肉質が柔らかくなるブライン。時間がないときはキッチンペーパー巻きでも。

ブライン（塩・砂糖水漬け） 保存OK

塩・砂糖水につけるだけでしっとり、柔らかに。
24時間かかりますが簡単で効果絶大。特に大きく使う場合におすすめ。
ブライン後に焼いたり、揚げたりするときは、水けをしっかりふいて。

特に向いているレシピ

- チキンフリカッセ(P.18)
- 鶏のコンフィ(P.22)
- よだれ鶏(P.32)
- ローストチキンと焼き野菜(P.80)

1 ジッパーつき保存袋にブライン液（塩小さじ2、砂糖大さじ1、水1カップ）を入れ、全体をもんで塩と砂糖を溶かす。
2 鶏むね肉1枚（300g）を袋に入れ、全体がつかるようにして空気を抜き、冷蔵庫に入れる。24時間たったら完了。
※ブラインをおすすめしているレシピで、ブラインせずに作る場合は、むね肉300gに対し、塩小さじ1/2の下味をつける。

［冷蔵保存］

3日ほど冷蔵庫で保存できるが、2日以上保存する場合はブライン液を捨てて保存する。

［冷凍保存と解凍］

ブラインの2までの工程を終えたらブライン液を捨てて冷凍庫へ。
3週間ほど保存できる。
解凍するときは、使う前日に冷凍庫から冷蔵庫に移しておく。

キッチンペーパー巻き

キッチンペーパーを巻くことで余分な水分を吸い取ります。
脱水作用がある塩をふることで、より効果アップ。

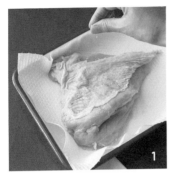

向いているレシピ

・ ジンジャーチキン（P.14）
・ ディアボラ風チキン（P.21）
・ バターチキンカレー（P.42）
・ 鶏と緑黄色野菜の焼きびたし
　（P.78）

1　キッチンペーパーの上に鶏むね肉1枚
　（300g）をのせ、塩小さじ1/4、こしょ
　う少々を全体にふる。
2　上からもう1枚キッチンペーパーをの
　せてしっかり押しつけ、30分から半
　日ほど冷蔵庫に入れておく。

切り目を入れる

鶏むね肉の繊維を断ち切るように、
表面にごく浅く切り目を入れます。
下味など調味料がよくしみるという効果も。

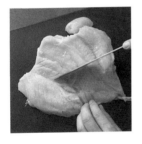

向いているレシピ

・ ヤンニョムチキン
　（P.44）
・ 基本のグリルドチキン
　（P.68）

鶏むね肉の表面に2cm間隔で全体に浅い切り目を入れ
る。繊維を断ち切る方向に切り目を入れるのがコツ。
※写真では観音開き（P.9）にした鶏肉を使っています。

たたく

めん棒や丈夫な瓶などでたたくことで
肉の繊維がつぶれて、柔らかくなります。
全体をまんべんなくたたいてください。

向いているレシピ

・ チキンミラネーゼ
　（P.25）
・ 基本のグリルドチキン
　（P.68）

めん棒などで鶏むね肉全体をたたく。
※写真では観音開き（P.9）にした鶏肉を使っています。

鶏むね肉の繊維の見極め方

鶏むね肉は、基本的に右の写真のような方向に繊
維が入っています。個体差がありますが、よく見
ると繊維の向きがわかります。すべての料理に共
通するものではありませんが、柔らかく仕上げる
には繊維を断ち切る方向で切ります。

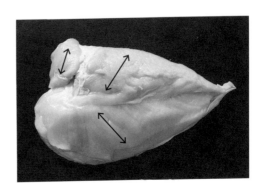

2
切り方編

料理に適した切り方をすれば、見た目もきれいで食べやすく、おいしく仕上がります。むね肉は水分が多くて柔らかいので、肉が安定せず、スパッと切りにくいもの。特に大きく切るときに扱いに苦労しますが、30分ほど冷凍庫に入れて半冷凍し、かたくすればラクに切ることができます。

そぎ切り

そぐように薄く切ることで火の通りがよくなる、
鶏むね肉に適した切り方。焼き物や煮物など幅広く使えます。

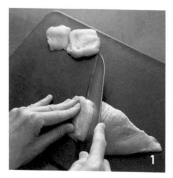

向いているレシピ

- ・ジンジャーチキン（P.14）
- ・バターチキンカレー（P.42）
- ・ヤンニョムチキン（P.44）
- ・鶏のエスカベッシュ（P.51）
- ・親子丼（P.55）

1 左手を鶏むね肉に添え、包丁を寝かせて刃を入れ、そぐように切る。
2 料理に合わせて大きさや厚みを調整する。繊維を断ち切るように切ると柔らかく仕上がる。

大きな薄切り

大きく切ればメインディッシュにふさわしいサイズに。
半冷凍しておくとかたくなって切りやすくなります。

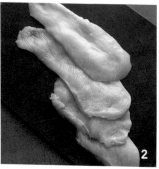

向いているレシピ

- ・チキンピカタ（P.20）
- ・鶏の梅しそ串カツ（P.92）

1 鶏むね肉は冷凍庫に30分ほど入れて半冷凍しておく。柔らかい身がかたくなって扱いやすい。鶏むね肉の端から包丁を寝かせて刃を入れ、刃を横に動かしながら、大きく、薄く切る。
2 4枚の薄切りにした状態。

棒状切り

1cm x 1cmの四角い棒状に切ります。
長さは料理に合わせますが、
5～6cmが食べやすいでしょう。

向いているレシピ

- スティックフライ
  （P. 84）

縦に1cm幅に切り、さらに厚みを1cm幅に切る。料理に
合わせて使う長さに切る。

小角切り

1cm角の小さな角切り。
小さくすることで繊維が切れて柔らかくなり、
料理に混ぜ込みやすくなります。

向いているレシピ

- チキンライス
  （P. 29）
- 鶏とカシューナッツの
  炒め物（P. 39）

1cm角の棒状切り（左記)にする。さらに1cm幅に切り、
サイコロ状にする。

観音開き

観音開きの扉のように、真ん中から包丁を入れて左右を切り開きます。
全体を薄く、均一の厚みにできます。

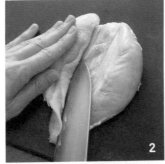

向いているレシピ

- チキンミラネーゼ（P. 25）
- 基本のグリルドチキン（P. 68）
- 鶏のピッツァイオーラ（P. 95）

1 鶏むね肉は料理に応じて皮を除いて縦
  に置き、切り離さないように中央に縦
  に1本切り目を入れる。

2 1の切り目から、左側に包丁を寝かせ
  て入れ、そぐようにしながら切り開く。

3 鶏むね肉の上下を返し、反対側も同様
  に切り開く。

4 観音開きが完了した状態。均一に薄く
  開かれている。

3
加熱編

むね肉がかたくなってパサパサしてしまう主な原因は、火の入れすぎにあります。柔らかく仕上げるには、適温を見極めたり、余熱で火を通すことが大切です。全体に均一に火を入れるために、1枚で使うときは厚い部分を開いて、全体を同じ厚さにそろえてから加熱することも忘れないで。

揚げる

揚げ油から引き上げたあとでも余熱で火が通るので、
揚げるときには火を通しすぎないようにします。

向いているレシピ

- チキンナゲット（P.16）
- 油淋鶏（P.34）
- 鶏のから揚げ（P.50）
- スティックフライ（P.84）

1 油で揚げて8割くらい火が通ったら引き上げる。引き上げたときに、切った面がほんの少しピンクの部分が残っているくらいでOK。

2 揚げ網にとって、食べられるくらいの熱さになるまでそのままおいて、余熱で火を通す。

焼く

細かく返しながら焼きます。ひっくり返した側に余熱で
火を入れることを繰り返しながら、柔らかく仕上げましょう。

向いているレシピ

- ジンジャーチキン（P.14）
- ディアボラ風チキン（P.21）
- チキンシーザーサラダ（P.56）
- 基本のグリルドチキン（P.68）

1 サラダ油適量を中火で熱し、2分ほど焼いて返す。※写真では薄力粉をまぶしてにんにくとともに焼いている。

2 さらに3〜4回返して1分ずつ焼き、こんがりした焼き色をつける。

ゆでる 保存OK

ブライン（P.6）したものを使うのがおすすめ。
湯からゆでることで、加熱を短時間にし、余熱で火を通します。
うまみの流出も防ぎます。

1 鶏むね肉2枚（600g）は、厚い部分を切り開いて均一にする。鍋に鶏肉を入れ、かぶるくらいの水、長ねぎ（青い部分）・しょうがの皮各適量を加え、鶏肉を取り出す。強火にかけて煮立たせたら鶏肉を戻し入れ、弱火にして落としぶたをし、2〜3分ゆでる。

2 火を止めてふたをし、粗熱がとれるまでそのままおいて余熱で火を通す。アクがあれば除き、長ねぎを除いてゆで汁ごと容器に入れ、冷蔵庫で3日ほど保存できる。ゆで汁はスープなどに利用できる（P.46）。

レンジ蒸し 保存OK

ブライン（P.6）したものを使うのがおすすめ。
サラダチキンとして和洋問わず、幅広く利用できます。

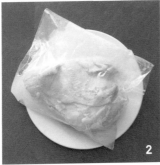

1 鶏むね肉2枚（600g）は、厚い部分を切り開いて均一にする。鶏肉は1枚ずつ電子レンジにかける。ジッパーつき保存袋（加熱用）に鶏肉1枚を入れ、耐熱皿にのせる。電子レンジで4分ほど加熱する。加熱中に1〜2度裏返す。取り出して粗熱がとれるまでそのままおき、余熱で火を通す。残りの1枚も同様に作る。

2 保存袋の空気を抜き、蒸し汁ごと冷蔵庫に入れる。3日ほど保存できる。

コンフィ 保存OK

ブライン（P.6）したものを使うのがおすすめ。オイルで
じっくりと煮るので、しっとりした状態で長期間保存が可能に。

1 鶏むね肉2枚（600g）は、厚い部分を切り開いて均一にする。鍋に鶏肉を入れ、かぶるくらいのオリーブオイル（またはサラダ油）を加え、ローズマリー1枝、にんにく1片、塩・こしょう各少々を入れて中火にかける。煮立つ直前に、ごく弱火にして20分煮る。途中でオイルが足りなくなったら足しながら煮る。火を止めて粗熱がとれるまでそのままおく。

2 鶏肉が完全につかるようにオイルを足す。ふたをして鍋ごと冷蔵庫で1週間ほど保存できる。

1

ENTREES

おかず
＆
主食

淡泊な鶏むね肉は、味つけしだいで
バリエーションがグンと広がります。
ここでは食卓の主役になるメインおかずと、
ご飯ものやパスタなどの主食をご紹介。
むね肉をおいしく食べることをよく知っている
アメリカやヨーロッパのレシピから、
和食、中華、そして韓国、エスニック料理まで、
お気に入りのレシピを厳選しました。
毎日のおかずだけでなく、
おもてなしにも使えるごちそうも。
家庭で作りやすいものばかりなので、
ぜひお試しください！

GINGER CHICKEN

ジンジャーチキン

しょうゆをベースにした甘辛い味つけは、ご飯によく合う誰にでも好かれるもの。
大きな薄切りにした鶏むね肉には、あらかじめたれをもみ込んでおき、
焼くときにも最後に加えてしっかりからめて味をつけます。

材料 (2人分)

鶏むね肉* 1枚 (300g)

A｜しょうが汁 大さじ1
　｜しょうゆ・みりん 各大さじ1
　｜砂糖・酒 各小さじ2

片栗粉 大さじ1

サラダ油 大さじ1

ズッキーニ 1/3本

赤・黄パプリカ 各1/3個

*キッチンペーパー巻き (P.7)をしたもの

1 鶏肉は繊維を断つように10枚ほどの大きめのそぎ切りにする。Aの材料を混ぜて鶏肉にもみ込む。ズッキーニは一口大の4つ割りにする。赤・黄パプリカは一口大に切る。

2 鶏肉はAの調味料をきり（きったAはとっておく）、片栗粉をまぶす（POINT 1）。

3 フライパンにサラダ油を中火で熱し、鶏肉を並べ入れ、7割ほど火が通るまで返しながら焼く（POINT 2）。2でとっておいたAを加えて鶏肉にからめながら焼き、器に盛る。

4 そのままフライパンを中火で熱してズッキーニ、パプリカを炒め、鶏肉に添える。

MEMO

● 味の決め手は、しょうが汁を加えた甘辛いたれ。みりんや砂糖で甘みをつけます。

● しょうがのすりおろしもよいですが、しょうがの繊維が焦げやすいのでしょうが汁を使います。

● たれは鶏肉の下味だけでなく、焼くときにも使うので捨てずにとっておきます。

※写真にはまぶし用の片栗粉も含む。

POINT 1

粉をまぶしておくと、
たれがよくからむ

POINT 2

2分ほど焼いたら返し、
返しながら焼く

CHICKEN NUGGETS

チキンナゲット

ひき肉を使って色よく揚げ、チキンナゲットに。
タネにはマヨネーズを加えて、うまみとコクをプラスしています。
撮影ではフードプロセッサーを使いましたが、ない場合は手でよく練り混ぜて。

材料（2人分）
鶏むねひき肉　200g
A 卵液　1/2個分
　　にんにく　小1片
　　薄力粉　大さじ2
　　マヨネーズ　小さじ1
　　塩　小さじ1/3
　　こしょう　少々
揚げ油　適量
ケチャップ・ウスターソース　各大さじ1
ライム（くし形切り）　適量

1 フードプロセッサーにひき肉と**A**を入れてなめらかに
　なるまで撹拌する（**POINT 1**）。あるいはボウルに入
　れて手でよく練り混ぜる。
2 揚げ油を高温（180度）に熱し、**1**をスプーンで落とし
　入れて火が通るまで揚げる（**POINT 2**）。
3 ナゲットを器に盛り、ケチャップとウスターソースを
　混ぜたソース、ライムを添える。

MEMO

● ひき肉は肉の繊維が断ち切れてい
　るので、口当たりが柔らかく仕上が
　ります。
● 鶏むね肉を自分でひき肉にする場
　合は、皮を除いてからぶつ切りに
　し、フードプロセッサーにかけます。

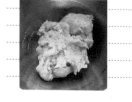

POINT 1

全体が
なめらかなペースト状に
なればOK

POINT 2

柔らかいので、
スプーンで
まとめて入れる

CHICKEN FRICASSEE

チキンフリカッセ

フリカッセは、焼いた鶏肉をクリーム煮にしたフランスの家庭料理。
あっさりした鶏むね肉によく合う定番のレシピです。薄力粉をしっかり炒めておくと
粘度が下がり、スープと混ぜやすく、ダマになりにくくなります。

材料（2人分）
鶏むね肉＊　1枚（300g）
にんじん　1/3本
玉ねぎ　1/2個
マッシュルーム　4個
ブロッコリー　4〜5房
薄力粉　適量
バター　適量
洋風スープ　2カップ
牛乳　300㎖
ローリエ　1枚
生クリーム　50㎖
塩・こしょう　各適量
＊ブライン（P.6）したもの

1　にんじんは4㎝長さの4つ割りにする。マッシュルームは大きいものは半分に切る。玉ねぎは大きめのくし形切りにする。ブロッコリーは熱湯で塩ゆでする。

2　鶏肉は一口大に切り、薄力粉適量をまぶす。フライパンにバター15gを中火で熱し、サッと焼いて取り出す（**POINT 1**）。

3　2のフライパンにバター30gを入れ、にんじん、玉ねぎ、マッシュルームを加えて炒める。薄力粉30gをふり入れてさらに全体をなじませるようによく炒める（**POINT 2**）。

4　洋風スープを少しずつ加えて、薄力粉となじませながら全体をよく混ぜる。牛乳を一気に加えて混ぜる。ローリエ、2の鶏肉を加え、10分煮込んで鶏肉に火を通す。仕上げに生クリームを加え、塩、こしょうで味を調える。ブロッコリーを加えて混ぜる。

MEMO

● 洋風スープは、市販の洋風スープの素（下）などを分量の湯や水に溶かして作ります。

● 好みで鶏ガラスープの素（上）を使ってもOK。

● 洋風の固形スープの素を使ってもかまいませんが、粉末のほうが少量のスープを作りやすくて便利です。

POINT 1

鶏肉は
いったん取り出し、
かたくなるのを防ぐ

POINT 2

しっかり炒めると
薄力粉が
ダマになりにくい

CHICKEN PICCATA

チキンピカタ

薄切りにした鶏肉に、たっぷり溶き卵を
からませてから揚げ焼きにする定番の洋風おかず。
溶き卵には粉チーズやパセリを混ぜて
うまみや風味をアップさせます。

材料（2人分）
鶏むね肉＊　大1枚（350g）
塩　小さじ1/2
こしょう　少々
溶き卵　1と1/2個分
粉チーズ　大さじ3
パセリ（みじん切り）　小さじ1
オリーブオイル　適量
＊キッチンペーパー巻き（P.7）をしたもの

MEMO

● ピカタはイタリア生まれとされます
　が、日本では卵液をからめて焼く
　スタイルに。

POINT

焼き色がついたら
返して裏面も焼く

1 　鶏肉は半冷凍して5〜6枚の大きな薄切りにする。塩、こ
　しょうをふって下味をつける。
2 　溶き卵に粉チーズ、パセリを混ぜて衣を作り、鶏肉にから
　ませる。
3 　フライパンにオリーブオイルを深さ1cmまで入れて中火で
　熱し、2の鶏肉を広げて入れ、両面がきつね色になるまで
　揚げ焼きにする（POINT）。

CHICKEN DIAVOLO

ディアボラ風チキン

たっぷりの玉ねぎと甘酸っぱいソースが
淡泊な鶏むね肉と絶妙な組み合わせ！
最近、我が家の定番に昇格した
新しいお気に入りのレシピです。

材料（2人分）
鶏むね肉＊　大1枚（350g）
塩　小さじ1/3
こしょう　少々
オリーブオイル　大さじ1
玉ねぎ（みじん切り）　小1個分
にんにく（みじん切り）　小1片分
酢　大さじ3
砂糖　大さじ1
A　しょうゆ　大さじ2
　　ウスターソース・酢・砂糖
　　　各大さじ1と1/2
イタリアンパセリ　少々
＊キッチンペーパー巻き（P.7）をしたもの

POINT

玉ねぎがしんなりしたら
調味料を加える

1　鶏肉は縦半分に切り、厚い部分を切り開いて均一にする。
　　塩、こしょうをふる。
2　フライパンにオリーブオイルを中火で熱し、鶏肉を皮目か
　　ら焼く。火が通るまで返しながら焼き、器に盛る。
3　2のフライパンに玉ねぎ、にんにくを入れてしんなりする
　　まで炒める。酢、砂糖を加えて炒め合わせ（POINT）、2
　　の鶏肉にかける。
4　3のフライパンにAの調味料を入れて軽く温め、3にかけ
　　る。イタリアンパセリを添える。

CHICKEN CONFIT

鶏のコンフィ

低温で時間をかけて油だけで煮るので、肉が柔らかく仕上がるコンフィ。
フランスで長く親しまれている伝統的な保存食でもあります。
食べるときに油から取り出して、フライパンで焼き目をつけます。

材料（2人分）
鶏むね肉＊　1枚（300ｇ）
ローズマリー　1枝
にんにく　1片
塩・こしょう　各適量
オリーブオイルまたはサラダ油　適量
バルサミコ酢・粒マスタード　各適量
じゃがいも（皮つき・くし形切り）　適量
ミックスリーフ　適量
＊ブライン（P.6）したもの

1　鶏肉は厚い部分を切り開いて均一にする。鍋に鶏肉を入れ、かぶるくらいのオリーブオイルを加えてローズマリー、にんにく、塩・こしょう各少々を入れて中火にかける。煮立つ直前に、ごく弱火にして20分煮る（**POINT 1**）。途中でオイルが足りなくなったら、足しながら煮る。火を止めて、粗熱がとれるまでそのままおく。

2　鶏肉を取り出し、フライパンに油をひかずに入れ、皮に焼き色をつける（**POINT 2**）。取り出して縦半分に切り、器に盛ってバルサミコ酢をかけ、好みで粒マスタードを添える。

3　フライパンに、コンフィのオイル小さじ1を中火で熱し、じゃがいもを炒め、塩ひとつまみ、こしょう少々をふる。ミックスリーフとともに**2**に添える。

MEMO

● コンフィを作るときに香味野菜やハーブといっしょに煮ると風味がつき、鶏肉の臭みも抑えられます。

● ここではにんにくとローズマリーを使いましたが、さわやかな風味がつくローリエもおすすめ。

● コンフィのオイルは、つけ合わせのじゃがいものような炒め物、チキンアヒージョ（P.94）に使えます。

POINT 1

煮立たせないよう、
ごく弱火で火を通す

POINT 2

コンフィした鶏肉は、
皮目に焼き目をつける

BAKED HERB CRUSTED CHICKEN

鶏の香草パン粉焼き

カリカリに焼いたパン粉の食感もごちそう。
鶏むね肉があっさりしているので、
パン粉ににんにくやパセリ、粉チーズを混ぜて
おいしさをフォローします。

材料（2人分）
鶏むね肉＊　1枚（300g）
こしょう　少々
マスタード　大さじ2
A｜パン粉　50g
　｜粉チーズ　10g
　｜オリーブオイル　大さじ1
　｜にんにく（みじん切り）　1片分
　｜パセリ（みじん切り）　小さじ1
オリーブオイル　小さじ2
ミニトマト（1/4割り）　適量
チャービル　少々
＊ブライン（P.6）しておくとよりおいしい

POINT

押しつけながら
しっかりパン粉をつける

1　鶏肉は、横半分に切って筋を切り、厚い部分を切り開いて均一にする。こしょうをふってオリーブオイルで全体をもむ。フライパンを中火で熱し、両面に8割くらい火が通るまで焼いて取り出す。

2　鶏肉は焼いた面にマスタードを塗る。

3　Aを合わせて香草パン粉を作り、2のマスタードを塗った面にパン粉をつける（POINT）。オーブントースターで全体に火が通るまで10分ほど焼く。器に盛り、ミニトマトとチャービルを添える。

CHICKEN MILANESE

チキンミラネーゼ

鶏むね肉はめん棒などでたたいて薄くし、
衣をつけて多めの油でカリッと揚げ焼きに。
生野菜との相性も抜群で、
家族みんなに人気のある自信作です。

材料（2人分）
鶏むね肉＊　1枚（300ｇ）
塩・こしょう　各少々
薄力粉　大さじ2
粉チーズ　50ｇ
溶き卵　1個分
パン粉　100ｇ
オリーブオイル　適量
ミニトマト・ルッコラ・
　パルメザンチーズ（かたまり）　各適量
＊ブライン（P.6）しておくとよりおいしい

POINT

粉チーズで
衣にうまみを加える

1　鶏肉は皮を除いて半冷凍して横半分に切り、それぞれを観音開き（P.9）にしてめん棒でたたいて薄くのばし、塩、こしょうをふる。溶き卵に粉チーズを混ぜる（**POINT**）。

2　鶏肉に薄力粉、チーズ＋卵液、パン粉の順でまぶし、衣をつける。

3　フライパンにオリーブオイルを1cm深さまで入れて中火で熱し、**2**の鶏肉を広げて入れ、返しながら両面がきつね色になるまで揚げ焼きにする。器に盛り、食べやすく切ったミニトマト、ルッコラ、パルメザンチーズを削ってのせる。

25

CAJUN CHICKEN AND JAMBALAYA

ケイジャンチキン＆ジャンバラヤ

スパイスをしっかりきかせた、アメリカ南部を代表するケイジャン料理。
ケイジャンチキンはカレー粉などのスパイスをまぶして焼く、シンプルな料理です。
炊飯器でできる米料理、ジャンバラヤを合わせます。

ケイジャンチキン

材料（2人分）
鶏むね肉＊　大1枚（350g）
塩　小さじ2/3
こしょう　少々
A ケチャップ　大さじ2
　　 カレー粉　小さじ2
　　 にんにく・しょうが（すりおろし）
　　 　各小さじ1
　　 赤唐辛子（みじん切り）　1/3本分
　　 サラダ油　小さじ2
タイム　適量
チリパウダー（あれば）　少々
＊キッチンペーパー巻き（P.7）をしたもの

1 鶏肉は厚い部分を切り開いて均一にし、筋があれば切って塩、こしょうをふる。
2 **A**の材料（**POINT 1**）をもみ込み、冷蔵庫で30分ほどおく。
3 フライパンを中火で熱し、2の鶏肉を返しながら火が通るまで焼く（**POINT 2**）。
4 取り出して粗熱がとれたら食べやすく切って皿に盛る。タイムを添え、チリパウダーをふる。

POINT 1

複数の香辛料で
スパイシーな味わいに

POINT 2

返しながらこんがりした
焼き色をつける

ジャンバラヤ

材料（作りやすい分量）
鶏むねひき肉　200g
米　2合
玉ねぎ（みじん切り）　1/2個分
にんにく（みじん切り）　1片分
ピーマン（1cm角切り）　1個分
塩　小さじ1/4
こしょう　少々
サラダ油　大さじ1
A ケチャップ　大さじ2
　　 洋風スープの素　小さじ1
　　 塩　小さじ1
　　 カレー粉　小さじ2/3

1 米は洗って浸水させ、ざるに上げておく。
2 ひき肉に塩、こしょうをふる。フライパンにサラダ油を中火で熱し、ひき肉、玉ねぎ、にんにくを2分ほど炒める。
3 炊飯器に米と**A**の調味料を入れ、2合の目盛りまでの水を加えて一度混ぜる。2を加えて軽く混ぜ、普通に炊く。炊き上がったら、ピーマンを加えて混ぜ、ふたをして5分ほど蒸らす。

JAMBALAYA

CAJUN CHICKEN

COLD PASTA WITH CHICKEN AND TOMATOES

鶏とトマトの冷製パスタ

サラダチキンさえ作っておけば、
おしゃれな冷製パスタも手軽。
ソースは切ってあえるだけです。
隠し味のはちみつで自然で優しい味わいに。

材料（2人分）
サラダチキン（P.64）　1枚分
ロングパスタ（細めのもの）　160g
トマト　2個
にんにく　1片
アンチョビ（フィレ）　3枚
オリーブ（黒／種なし）　4個
A レモン汁　大さじ1と1/2
　　　はちみつ　大さじ1
　　　塩　小さじ1/2
　　　こしょう　少々
オリーブオイル　大さじ3
塩・こしょう　各少々
バジル　1枝

POINT

具を調味料であえて
最後にオイルを混ぜる

1　サラダチキンは1cm角に切る。トマトは一口大に切る。にんにく、アンチョビはみじん切りにする。オリーブは輪切りにする。

2　大きめのボウルに**1**を入れ、**A**を加えてあえる。オリーブオイルを加えてざっと混ぜる（**POINT**）。

3　パスタは塩大さじ1（分量外）を加えた湯で、袋の表示時間通りにゆでる。ざるに上げて湯をきり、水にさらして冷やす。水けをよくきって**2**のボウルに加えてあえ、塩、こしょうで味を調えて器に盛り、バジルを添える。

CHICKEN RICE

チキンライス

みんなが大好きな、洋食の定番。
トマトケチャップの甘みが鶏肉とご飯によく合います。
コロコロに切った鶏むね肉は、食べやすく存在感あり。
いつものチキンライスがレベルアップした味に。

材料（2人分）
鶏むね肉　1/2枚（150g）
ご飯　茶碗2杯分
玉ねぎ　1/4個（50g）
マッシュルーム　4個
ケチャップ　大さじ3
塩・こしょう　各適量
バター　大さじ2
イタリアンパセリ　少々

POINT

汁けをとばしておくと
ご飯がベタつかない

1　鶏肉は1cm角に切り、塩・こしょう各少々をふる。玉ねぎ、
　　マッシュルームは粗いみじん切りにする。

2　フライパンにバターを中火で熱し、**1**を炒める。ケチャッ
　　プを加えて汁けをとばすようにサッと炒める（**POINT**）。

3　ご飯を加えて炒め合わせ、塩・こしょう各少々で味を調え
　　る。器に盛り、イタリアンパセリを添える。

MEMO

● チキンライスをオムレツで包んで、
　オムライスにするのもおすすめ。

PAELLA

パエリア

パーティやおもてなしにも人気のパエリア。
見た目も華やかな主役になる料理です。肉と魚介のうまみが両方しみたご飯が人気の秘訣。
パエリアパンやフライパンで作ってそのまま食卓へ。

材料（作りやすい分量）
鶏むね肉＊　200g
米　1と1/2合
えび（殻つき）　4尾
あさり（砂抜き済み・殻つき）　250g
トマト　1/2個
ピーマン　1個
玉ねぎ（みじん切り）　1/2個分
にんにく（みじん切り）　1/2片分
サフラン　少々
洋風スープ　2カップ
塩・こしょう　各適量
オリーブオイル　適量
＊キッチンペーパー巻き（P.7）をしたもの

1 鶏肉は大きめの一口大に切り、塩小さじ1/3、こしょう少々をふる。えびは背を開いて背ワタを除き、塩・こしょう各少々をふる。トマト、ピーマンは縦4つ割りにする。

2 洋風スープにサフラン、塩小さじ2/3、こしょう少々を混ぜておく。

3 パエリアパン（またはフライパン）にオリーブオイル小さじ1/2を中火で熱し、鶏肉、えびを入れて両面をサッと焼き、取り出す。

4 3のパエリアパンにオリーブオイル大さじ2を加えて中火で熱し、玉ねぎ、にんにく、米を加えて炒める（POINT 1）。2を加えてざっと混ぜる。

5 4の上に鶏肉、えび、あさり、トマト、ピーマンを放射状に並べ入れ、アルミホイルでふたをして15分ほど弱火で蒸し焼きにする（POINT 2）。フライパンの場合は少しずらしてふたをし、蒸気を逃がしながら蒸し焼きにする。

MEMO

● サフランは、サフランという花のめしべを乾燥させたスパイス。ごく少量で鮮やかな黄色い色と上品な香りをつけることができます。

● 使うのはごく少量でも、高価なスパイスとしても有名。

● パエリアのほかに、ブイヤベースやサフランライスなどにも欠かせないスパイスです。魚介類によく合います。

POINT 1

米が透き通って
くるまで炒める

POINT 2

アルミホイルで
ふたをして蒸し焼きに

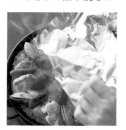

CHICKEN IN SPICY SAUCE

よだれ鶏

文字通り、よだれが出るほどおいしい中華の人気レシピ。
電子レンジで作るので簡単にできます。
香味野菜や複数の調味料で作るうまみたっぷりのたれも、混ぜるだけで完成。

材料（2人分）
鶏むね肉＊　大1枚（350g）
しょうがの皮　1かけ分
長ねぎ（青い部分）　適量
酒　小さじ1
A｜しょうゆ・酢　各大さじ2
　｜砂糖・ごま油　各小さじ2
　｜豆板醤　小さじ1
長ねぎ（みじん切り）　大さじ2
しょうが（みじん切り）　小さじ2
香菜　適量
＊ブライン（P.6）したもの

1　鶏肉は厚い部分を切り開いて均一にし、しょうがの皮を敷いた耐熱皿にのせ、上に長ねぎの青い部分をのせて酒をふる。ラップをして電子レンジで3分加熱し（POINT 1）、途中で一度裏返す。取り出してラップをしたままおき、余熱で火を通す。

2　粗熱がとれたら1の鶏肉を厚めのそぎ切りにして、使う直前まで蒸し汁につけておく。

3　Aの材料をよく混ぜ、みじん切りの長ねぎとしょうがを加えて混ぜる。汁けをきった鶏肉を器に盛り、Aのたれをかけて（POINT 2）、香菜を添える。

MEMO

● 鶏むね肉はあっさりした味わいなので、香味野菜でアクセントをつけるとおいしさが増します。

● なかでも香菜は中華やエスニック料理だけでなく、洋食にも使える万能選手です。

● タイ語ではパクチー、中国語ではシャンツァイ、英語ではコリアンダーと呼ばれます。

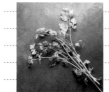

POINT 1

香味野菜とともに
レンジ加熱する

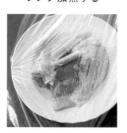

POINT 2

たれは辛みや甘み、
酸味のある複雑な味わい

FRIED CHICKEN WITH
SWEET AND SOUR SAUCE

ユーリンチー
油淋鶏

中はしっとり、外はカリッと揚げた鶏肉を、
しょうがやねぎ、にんにくなどの薬味をしっかりきかせた
甘酸っぱい油淋汁につけます。

材料（2人分）

鶏むね肉＊　1枚（300g）

A しょうゆ・酢・砂糖　各大さじ3
　　 長ねぎ（みじん切り）　大さじ3
　　 しょうが・にんにく（みじん切り）
　　　　各大さじ1と1/2
　　 オイスターソース　小さじ2
　　 塩・こしょう　各少々

B 砂糖・片栗粉・小麦粉・
　　　　しょうが汁・卵液　各大さじ1
　　 しょうゆ　小さじ1
　　 塩・こしょう　各少々

片栗粉・揚げ油　各適量

フリルレタス　適量

＊ブライン（P.6）しておくとよりおいしい

1　**A**の材料を混ぜ合わせて油淋汁を作る。

2　鶏肉を大きめのそぎ切りにして**B**をよくもみ込み、15分おく。汁けをきって片栗粉をまぶす。

3　揚げ油を160度（低温）に熱し、鶏肉を2分ほど揚げる。最後は180度（高温）にして1分ほど揚げる（**POINT 1**）。揚げたてを**1**の油淋汁につける（**POINT 2**）。

4　器にフリルレタスをちぎってのせ、油淋鶏をのせて余った油淋汁をかける。

MEMO

● 油淋鶏の味の決め手は、油淋汁。しょうがや長ねぎ、にんにくなど香味野菜をたっぷり使うのがおいしさのコツです。

● しょうゆがベースですが、酢で酸味、砂糖で甘みをプラスし、オイスターソースで動物性の独特のうまみも加えて複雑な味わいにします。

POINT 1

下味をつけ、粉を
まぶした鶏肉を揚げる

POINT 2

熱いうちに汁につけると
味がよくしみる

CHICKEN AND GREEN PEPPERS STIR FRY

青椒鶏肉絲

チンジャオジーロースー

中華の定番も鶏肉で作ると軽やかな味わい。
ピーマンは、緑と赤の2色を使ってカラフルに。
細く切って濃いめの下味をつけるので、
鶏むね肉の下ごしらえは不要です。

材料（2人分）
鶏むね肉　120g
緑ピーマン　3個
赤ピーマン　1個
たけのこ（水煮）　50g
長ねぎ　長さ10cm
A しょうゆ・酒・しょうが汁・片栗粉
　　　各小さじ1/2
サラダ油　適量
B 中華スープ　大さじ2
　　酒・しょうゆ・オイスターソース
　　　各大さじ1
　　砂糖・片栗粉　各小さじ1
　　塩　小さじ1/4

POINT

片栗粉が沈澱するので
混ぜ直して加える

1　鶏肉は5cm長さの細切りにし、**A**の調味料をもみ込む。フライパンにサラダ油大さじ1を中火で熱し、鶏肉を色が変わるまで炒めて取り出す。

2　緑・赤ピーマン、たけのこ、長ねぎはそれぞれ5cm長さの細切りにする。

3　ボウルに**B**の調味料を合わせておく。

4　フライパンにサラダ油小さじ2を足して強火で熱し、**2**をサッと炒める。油が回ったら中火にし、鶏肉を戻し入れて**3**を混ぜ直して加え（**POINT**）、全体をからめながら炒め合わせる。

BEAN CURD SZECHUAN STYLE

なす入り麻婆豆腐

麻婆豆腐は炒め物ではなく煮物と考えて。
しっかり煮るのがおいしさのコツです。
フライパンをゆすりながら混ぜると
豆腐をくずさずにすみます。

POINT

豆板醤は鍋肌に当てて
炒めると香りが立つ

材料（2人分）
鶏むねひき肉　120g
なす　1個
絹ごし豆腐　1丁（350g）
しょうが　1かけ
にんにく　1片
サラダ油　小さじ2
豆板醤　小さじ2
甜麺醤　大さじ1
中華スープ　1カップ
A　豆豉（みじん切り）　大さじ1
　　しょうゆ・酒　各大さじ1
　　みりん　大さじ1/2
片栗粉　大さじ1/2
ごま油　小さじ1
にら（小口切り）　5本分

1　豆腐は1.5cm角に切る。なすは乱切りにする。しょうが、にんにくはみじん切りにする。

2　フライパンにサラダ油を中火で熱し、ひき肉、なす、しょうが、にんにくを炒める。豆板醤、甜麺醤を加えて炒め合わせる（POINT）。

3　中華スープとAを加えてサッと混ぜ、豆腐を加えて3〜4分煮る。

4　小さな器に片栗粉と水大さじ2を混ぜ、フライパンに回し入れてフライパンをゆすりながら混ぜ合わせ、とろみをつける。ごま油を回しかけ、器に盛り、にらをのせる。

SWEET AND SOUR CHICKEN

酢鶏

豚肉で作るのが定番ですが、鶏肉にはさっぱりした
甘酢の風味がよく合い、新鮮なおいしさ。
鶏むね肉は大きめに切るので、
ブラインしておくと柔らかく、おいしくなります。

材料（2人分）
鶏むね肉＊　200g
玉ねぎ　1/2個
赤パプリカ　1/2個
パイナップル　2枚（120g）
アスパラガス　6本
A｜しょうゆ・酒　各小さじ1
　｜塩・こしょう　各少々
片栗粉　適量
B｜中華スープ　2/3カップ
　｜ケチャップ・しょうゆ・酢・砂糖
　　　各大さじ2
　｜片栗粉　大さじ1
　｜塩・こしょう　各少々
サラダ油　適量
＊ブライン（P.6）したもの

POINT

鶏肉は多めの油で
揚げ焼きにする

1　玉ねぎ、赤パプリカ、パイナップルはそれぞれ一口大に切る。アスパラガスは斜め切りにする。

2　鶏肉は3cm四方・2cm厚さに切る。**A**で下味をつけ、片栗粉をまぶしつける。**B**の調味料を合わせておく。

3　フライパンにサラダ油を1cm深さまで入れて中火で熱し、**2**の鶏肉を入れる。返しながら揚げ焼きにし、取り出す（**POINT**）。

4　フライパンにサラダ油を小さじ2ほどを残して強火で熱し、**1**を炒める。油が回ったら鶏肉を戻し入れ、**B**を混ぜ直して加えてひと煮立ちさせ、全体にとろみをつける。

DICED CHICKEN WITH CASHEW NUTS

鶏とカシューナッツの炒め物

コロコロに切った鶏むね肉と、
香ばしく炒めたカシューナッツがよく合います。
中華の炒め物はあらかじめ調味料を
合わせておくのがスムーズに作るコツです。

POINT

合わせ調味料は
一気に全体にからめる

材料（2人分）
鶏むね肉　120g
たけのこ（水煮）　40g
緑・赤ピーマン　各1個
カシューナッツ　60g
長ねぎ　2cm長さ
しょうが　1かけ
にんにく　1片
A しょうゆ・酒・片栗粉　各小さじ1
B 中華スープ　大さじ5
　　 しょうゆ・酒　各大さじ2/3
　　 オイスターソース・片栗粉
　　　　各大さじ1/2
　　 酢・砂糖・豆板醬　各小さじ1
　　 塩・こしょう　各少々
サラダ油　大さじ1

1　たけのこ、緑・赤ピーマンは1cm四方に切る。長ねぎ、し
　　ょうが、にんにくはみじん切りにする。鶏肉は1cm角に切
　　り、**A**で下味をつける。**B**の調味料を合わせておく。

2　フライパンにサラダ油を中火で熱し、鶏肉をサッと炒めて
　　取り出す。

3　2のフライパンをそのまま強火で熱し、長ねぎ、しょうが、
　　にんにくを炒める。たけのこ、ピーマン、カシューナッツ
　　を加え、鶏肉を戻し入れて全体を炒め合わせる。**B**を混ぜ
　　直して加え、からめるように炒め合わせる（**POINT**）。

HAINANESE CHICKEN RICE

海南チキンライス

海南鶏飯とも呼ばれる人気料理。ゆで鶏と、そのスープで炊いたご飯を
いっしょにいただきます。チキンライスを炊くときは
鶏のゆで汁を使いますが、足りないときは中華スープを足して。

材料（作りやすい分量）
鶏むね肉＊　1枚（300g）
米　2合（360㎖）
A 酒　大さじ1
　　塩　小さじ1
　　こしょう　少々
長ねぎ（青い部分）・しょうがの皮　各適量
塩　少々
ごま油　小さじ1
ねぎだれ
　　長ねぎ（みじん切り）　大さじ2
　　しょうが（みじん切り）　大さじ1
　　ごま油　大さじ2
　　塩　ひとつまみ
　　こしょう　少々
ホットチリソース
　　ケチャップ　大さじ2
　　タバスコ　4滴

海鮮醤風
　　甜麺醤・オイスターソース　各大さじ1
香菜　適量
ミニトマト（半分に切る）　適量
＊ブライン（P.6）しておくとよりおいしい

1 鶏肉は厚い部分を切り開いて均一にし、**A**をふる。鍋
　に鶏肉を入れ、かぶるくらいの水、長ねぎ、しょうが
　の皮を加える。いったん鶏肉を取り出して強火にかけ
　る。煮立ったら鶏肉を戻し入れ、弱火にして落としぶ
　たをし、2〜3分ゆでる。火を止めてふたをし、粗熱
　がとれるまでそのままおいて火を通す。アクがあれば
　除き、長ねぎ、しょうがの皮も除く。
2 炊飯器に洗って浸水させた米を入れ、**1**のゆで汁を2
　合の目盛りまで加え、塩、ごま油を加えて普通に炊く
　（**POINT 1**）。
3 ねぎだれを作る。小鍋に長ねぎ、しょうが、ごま油を
　入れて5分ほど弱火にかけて炒め（**POINT 2**）、塩、
　こしょうで味を調える。
4 器に**2**のご飯を盛り、食べやすく切った**1**のゆで鶏を
　のせて**3**のねぎだれをかけ、香菜、ミニトマトを添え
　る。ホットチリソースと海鮮醤風の材料をそれぞれ混
　ぜて添える。

MEMO

- そのままでもおいしく食べられます
  が、2種のソースを添えて味に変化
  をつけます。
- ホットチリソース（左）はピリッとし
  たタバスコの辛みが特徴。甘みも
  あるので食べやすい。
- 海鮮醤風（右）はオイスターソースの
  魚介由来のうまみと甘みがあり、コ
  クがあります。

POINT 1

米に鶏のゆで汁、
塩、ごま油を加えて炊く

POINT 2

ねぎだれは弱火で
加熱して香りを出す

BUTTER CHICKEN CURRY

バターチキンカレー

家庭では作りづらいと思っていましたが、
ピーナッツバターを加えることでちょうどいいコクが
出せることを発見！　簡単においしくできますよ。
ナンを添えましたが、ご飯でも。

材料（2人分）
鶏むね肉＊　1枚（300 g）
トマト缶　400 g
A ┌ プレーンヨーグルト（無糖）　50 g
　　├ にんにく（すりおろし）　1片分
　　└ しょうが（すりおろし）　1かけ分
バター　適量
カルダモン（ホール）　5粒
カレー粉　小さじ2
生クリーム　100mℓ
ピーナッツバター　大さじ1
塩　小さじ1と1/2
ナン　適量
＊キッチンペーパー巻き（P.7）をしたもの

POINT

鶏肉は漬け汁も
いっしょに加えて煮る

1　鶏肉はそぎ切りにする。**A**を混ぜ合わせて鶏肉にまぶし、30分ほど冷蔵庫で漬けておく。

2　鍋にバター大さじ1を中火で熱し、カルダモンを軽く炒める。トマト缶をジュースごと加え、トマトを木べらなどでつぶして3分ほど煮詰める。

3　カレー粉を加えて混ぜ、**1**を漬け汁ごと加える（**POINT**）。鶏肉に火が通るまで煮込む。

4　火を止めてバター大さじ1、生クリーム、ピーナッツバター、塩を加えて混ぜる。器に盛ってカルダモン少々（分量外）をのせ、軽く焼いたナンを添える。

TANDOORI CHICKEN

タンドリーチキン

半日ほど鶏肉を漬け込んでからオーブンで焼くだけ。
ほんのりとスパイシーな味わいが絶品です。
ヨーグルトなどに漬けることで、
肉が柔らかくなる効果もあります。

材料（2人分）
鶏むね肉＊　1枚（300g）
A　プレーンヨーグルト（無糖）　50g
　　カレー粉・ケチャップ　各大さじ1
　　にんにく・しょうが（すりおろし）
　　　各小さじ1
香菜　少々
＊キッチンペーパー巻き（P.7）をしたもの

MEMO

● 魚焼きグリルで焼く場合は、強火
で焼きます。焦げやすいので、途
中でアルミホイルをかけて。

POINT

網にのせて焼くと
パリッと仕上がる

1　鶏肉は繊維を断つ方向で2〜3cm幅の縦長に切る。**A**の材
料を混ぜ合わせ、鶏肉にもみ込んで半日ほど冷蔵庫で漬け
ておく。

2　オーブンの天板に網を置いて**1**を並べ（**POINT**）、250度
に熱したオーブンで15分ほど火が通るまで焼く。器に盛
り、香菜を添える。

YANGNYEOM CHICKEN

ヤンニョムチキン

カラリと揚げた鶏肉に、たれをからめた韓国の人気料理。
ほどよい甘みと、にんにく、しょうがの薬味がやみつきになります。
ご飯にも合いますが、ビールとの相性も抜群。

材料 (2人分)

鶏むね肉＊　1枚 (300g)

しょうゆ・酒　各小さじ2

片栗粉　適量

揚げ油　適量

A ┃ コチュジャン　大さじ1
┃ にんにく・しょうが (すりおろし)
┃ 　各小さじ1
┃ 砂糖・しょうゆ・酢　各大さじ1/2

白ごま　少々

パセリ　少々

＊ブライン (P.6) したもの

1 鶏肉は一口大のそぎ切りにし、表面全体に浅く切り目を入れる。しょうゆ、酒をもみ込んで、片栗粉をまぶす (**POINT 1**)。

2 揚げ油を160度 (低温) に熱して3分ほど揚げたら180度 (高温) にし、2分ほど揚げる (**POINT 2**)。揚げ網にとって、余熱で火を通す。

3 フライパンに**A**の材料を入れて弱火で熱し、混ぜ合わせる。火を止めて**2**の鶏肉を加え、全体にからめる。器に盛り、ごまをふってパセリを添える。

MEMO

● ヤンニョム (薬念) とは、韓国語で合わせ調味料全般のことを指します。

● ここではヤンニョムチキンの定番である甘辛い合わせ調味料を使用。甘みのあるコチュジャンをベースにして、にんにくやしょうがのすりおろしを加えます。酢でほどよい酸味もきかせます。

POINT 1

下味をもみ込んでから
片栗粉をまぶす

POINT 2

最後は高温にして
カラリと揚げる

TERIYAKI CHICKEN

鶏の照り焼き

甘辛い味つけが鶏肉によく合い、子どもにも大人にも大人気の照り焼き。
ご飯が進む定番レシピは、鶏むね肉で作りましょう。
万能ねぎをたっぷり散らして、味と見た目のアクセントに。

材料（2人分）
鶏むね肉*　1枚（300g）
みりん　大さじ3
しょうゆ・酒　各大さじ2
サラダ油　小さじ2
万能ねぎ（小口切り）　適量
*ブライン（P.6）したもの

1　鶏肉は厚い部分を切り開いて均　にし、筋があれば切る。みりん、しょうゆ、酒を混ぜ合わせたたれにつける。

2　フライパンにサラダ油を中火で熱する。鶏肉はたれをきり、汁けをふき取って皮目から焼く。両面に焼き色をつけたら、余分な油をふき取って残ったたれを加え、ふたをして3分ほど蒸し焼きにする（**POINT 1**）。

3　ふたをとり、たれが煮詰まるまで焼いてからめる（**POINT 2**）。鶏肉を取り出して食べやすく切って器に盛り、万能ねぎをのせる。

MEMO

● ゆで鶏（P.72）のゆで汁を使った鶏スープをつけ合わせに。シンプルながら滋味あふれる一品です。

● 鶏スープの材料（2人分）と作り方：小鍋で鶏のゆで汁300㎖、酒小さじ1、塩小さじ1/2、こしょう少々をひと煮立ちさせ、器に注いでごく細いせん切りにしたしょうが適量を加える。

POINT 1

残ったつけだれを加え、
蒸し焼きにする

POINT 2

たれを煮詰めて、
鶏肉全体に照りを出す

CHICKEN HAMBURGER STEAK
WITH GRATED RADISH

和風おろしチキンハンバーグ

あっさりしていながら食べごたえのある鶏ひき肉のハンバーグ。
豆腐を加えることで、ふんわり柔らかになります。
大根おろしと香りよく炒めたきのこのソースをたっぷりかけていただきます。

材料（2人分）
鶏むねひき肉　300g
玉ねぎ　1/2個
豆腐　50g
しめじ・えのきたけ　各1/2パック
A 卵液・しょうが汁・みそ・みりん・
　　しょうゆ　各大さじ1
サラダ油　小さじ2
バター　大さじ1
B 大根おろし　大さじ4
　　しょうが（すりおろし）　大さじ1/2
　　しょうゆ・酒　各大さじ1
　　砂糖　小さじ1
クレソン　少々

1　玉ねぎはみじん切りにする。しめじ、えのきたけは根元を切る。しめじは小房に分ける。えのきたけは長さを半分に切る。

2　ボウルにひき肉、玉ねぎ、豆腐、**A**を入れてよく混ぜ（**POINT 1**）、2等分にして小判形にまとめる。

3　フライパンにサラダ油を中火で熱し、**2**を並べ入れて両面がきつね色になるまで2〜3分焼く（**POINT 2**）。ふたをして4〜5分蒸し焼きにし、中央に竹串を刺して、肉汁が透き通っていたら焼き上がり。取り出して器に盛る。

4　**3**のフライパンにバターを中火で熱し、しめじ、えのきたけを炒める。しんなりしたら**B**を加えてひと煮立ちさせてハンバーグにかける。クレソンを添える。

MEMO

● 鶏肉と豆腐のハンバーグに合わせて、ソースもさっぱりした和風仕立てにします。

● しょうがは血行を促進させる酵素、大根おろしには消化を促進させる酵素が含まれています。

● ハンバーグを焼いてうまみが残ったフライパンを洗わずに、そのままソースを作ります。

POINT 1

豆腐などを加えて
しっかり練り混ぜる

POINT 2

きつね色になったら
返して、裏面も焼く

JAPANESE FRIED CHICKEN

鶏のから揚げ

柔らかいのは、薄くそぎ切りにした鶏むね肉を
手でにぎって丸めて揚げているから。
むね肉の下ごしらえがいらないので
いつでも手軽に作れます。

POINT

でき上がりの
断面はこちら

材料（2人分）
鶏むね肉　1枚（300g）
A｜しょうゆ　大さじ1と1/2
　｜酒・卵液　各大さじ1
　｜しょうが・にんにく（すりおろし）
　｜　各小さじ1
　｜中華スープの素　ひとつまみ
片栗粉　適量
揚げ油　適量

MEMO

● 片栗粉をまぶす前に、そぎ切りに
　した鶏肉を手でにぎって丸い形に
　整えます。

1　鶏肉は薄いそぎ切りにする（1枚30gが目安）。混ぜ合わせ
　　たAをしっかりもみ込む。
2　鶏肉の汁けをふき、手でギュッとにぎって丸め（POINT）、
　　表面に片栗粉をまぶす。
3　揚げ油を160度（低温）に熱して3分ほど揚げたら180度
　　（高温）にし、2分ほど揚げる。揚げ網にとり、そのまま3
　　分ほどおいて余熱で火を通す。

CHICKEN ESCABECHE

鶏のエスカベッシュ

揚げた鶏肉を、せん切りにしたたっぷりの
香味野菜とともにマリネするエスカベッシュ。
温かいうちはもちろん、冷やしてもおいしい！
ご飯にもお酒にも合います。

POINT

熱いうちに漬けると
よく味がしみる

材料（2人分）
鶏むね肉＊　1枚（300g）
塩　小さじ1/2
玉ねぎ　1/2個
にんじん　1/4本
ピーマン　1個
赤唐辛子　1本
A　酢　100mℓ
　　オリーブオイル　大さじ2
　　砂糖　小さじ1
　　塩　小さじ1/2
　　こしょう　少々
片栗粉　適量
揚げ油　適量
＊キッチンペーパー巻き（P.7）をしたもの

1　玉ねぎ、にんじん、ピーマンはそれぞれせん切りにする。
　　赤唐辛子は半分にちぎって種をとる。混ぜ合わせた A のマ
　　リネ液に漬ける。
2　鶏肉はそぎ切りにし、塩をふって片栗粉をまぶす。
3　揚げ油を170度（中温）に熱し、鶏肉を揚げる。揚げたて
　　を1のマリネ液に漬ける（POINT）。

GRILLED CHICKEN MARINATED IN MISO

鶏のみそ漬け焼き

焼いたみその香ばしさでご飯が進むおかず。
甘辛いみそだれには、
にんにくやマヨネーズをプラス。
食欲をそそる濃厚な味わいに仕上げます。

POINT

みそだれには
マヨネーズも加えて

材料（2人分）
鶏むね肉＊　大1枚（350g）

A｜みそ　大さじ2
　｜みりん・砂糖　各大さじ1
　｜マヨネーズ　小さじ1
　｜にんにく（すりおろし）　1片分

＊ブライン（P.6）したもの

1　鶏肉は縦半分に切り、厚い部分を切り開いて均一にする。
　　Aを混ぜ合わせ（POINT）、鶏肉にもみ込んで、15分ほど
　　漬ける。
2　魚焼きグリルを強火で熱し、みそだれを指でざっとぬぐっ
　　た鶏肉を、浅く焼き目がつくくらいまで焼く。食べやすく
　　切って器に盛る。

MEMO

● ブラインする時間はかかりますが、
　みそだれに漬けるのは15分ですみ
　ます。

FRIED CHICKEN WITH TARTAR SAUCE

チキン南蛮

下味をつけて揚げた鶏むね肉を甘酢に漬け、
タルタルソースとパセリをトッピング。
鶏肉によく合う甘酸っぱい風味に、
コクのあるタルタルソースがよく合います。

POINT

最後にタルタルソースを
たっぷりかける

材料（2人分）
鶏むね肉＊　1枚（300g）
タルタルソース
　　マヨネーズ　100g
　　ゆで卵（みじん切り）　大さじ1
　　ピクルス（みじん切り）　小さじ1
　　しょうゆ　小さじ1/2
A　酢・しょうゆ・砂糖
　　　各大さじ1と1/2
B　マヨネーズ　大さじ1
　　　しょうゆ・酒　各小さじ2
片栗粉　適量
サラダ油　適量
パセリ（みじん切り）　少々
＊ブライン（P.6）したもの

1　タルタルソースの材料を混ぜる。**A**の調味料を混ぜ合わせ
　　て甘酢を作る。

2　鶏肉は縦半分に切り、厚い部分を切り開いて均一にし、**B**
　　の下味をもみ込む。汁けをきって片栗粉をまぶす。

3　フライパンにサラダ油を1cm深さまで入れて中火で熱し、
　　鶏肉を広げて入れて返しながら揚げる。揚げたてに甘酢を
　　からめて漬ける。食べやすく切って器に盛り、タルタルソ
　　ースをかけて（**POINT**）、パセリをふる。

CHICKEN RICE IN CHICKEN SOUP

鶏飯
（ケイハン）

うまみたっぷりの鶏のスープをかけて、
サラサラといただく鹿児島の郷土料理。
甘辛く煮たしいたけや薄焼き卵で目にも鮮やか。
薄焼き卵が面倒なら、いり卵にしても。

POINT

ゆで汁につけておくと
パサつかない

材料（2人分）
基本のゆで鶏（P.72）　1枚
基本のゆで鶏のゆで汁　4カップ強
ご飯　茶碗2杯分
干ししいたけ（戻しておく）　3枚
A 砂糖・酒・しょうゆ　各小さじ1
卵　2個
B 砂糖　小さじ1/2
　　塩　ひとつまみ
サラダ油　少々
しょうゆ・塩　各少々
万能ねぎ（小口切り）　適量
＊ブライン（P.6）したもの

1 ゆで鶏は、めん棒などでたたいて細かくほぐし、しょうがの皮適量（分量外）とともに少量のゆで汁につけておく（**POINT**）。

2 戻した干ししいたけは戻し汁、**A**とともに中火で3分ほど煮る。しいたけは取り出して汁けをきり、細切りにする。

3 錦糸卵を作る。ボウルに卵をほぐし、**B**を混ぜる。フライパンにサラダ油を塗って中火で熱し、卵液を薄く流し入れて焦がさないように両面をサッと焼く。取り出してせん切りにする。

4 鶏のゆで汁4カップを煮立たせ、しょうゆ、塩で味を調える。

5 器にご飯を盛り、汁けをきった**1**の鶏肉、**2**、**3**をのせ、**4**の汁を熱いうちに注いで万能ねぎをのせる。

CHICKEN AND EGG RICE BOWL

親子丼

とろりとした半熟の卵にするために、卵液は2回に
分けて加え、ほんの10秒だけふたをして蒸らします。
鶏むね肉は火の通りがいいように、
ごく薄いそぎ切りにします。

材料 (2人分)
鶏むね肉　1/2枚 (150g)
ご飯　茶碗2杯分
卵　4個
玉ねぎ　1/2個
三つ葉　4本
A だし汁　2/3カップ
しょうゆ・みりん　各大さじ3

POINT

ふたをして
10秒だけ蒸す

1 鶏肉はごく薄いそぎ切りにする。玉ねぎは薄切りにする。
三つ葉は2cm長さに切る。卵は割りほぐす。

2 フライパンに**A**を入れて中火にかけ、玉ねぎを加えて煮る。
火が通ったら鶏肉を広げて入れ、サッと煮る。

3 卵液の半量を入れて軽く混ぜ、残りの卵液を加えて10秒
ふたをして、火からおろす (**POINT**)。器に盛ったご飯に
汁ごとのせ、三つ葉をのせる。

MEMO

● 卵は余熱でも火が通るので、10秒
だけふたをしたら、すぐに火からお
ろします。

BACON CHEESE MUFFINS

チキンシーザー
サラダ＆
ベーコンチーズマフィン

レタスがたっぷり食べられるシーザーサラダに、
香ばしく焼いたグリルドチキンを合わせます。
気軽に作れる、ベーコンとチーズが入った、
甘さを抑えたアメリカンマフィンといっしょに。

>> 作り方は58ページ

CALIFORNIA CHICKEN BRUNCH
カリフォルニア チキン ブランチ

晴れの日が多く、天候に恵まれたカリフォルニアは、野菜や果物が豊富でおいしい！
のんびりとした余裕のある休日の朝は、鶏むね肉を使ったちょっと豪華なブランチがおすすめ。

CHICKEN CAESAR SALAD

HASH BROWNS

PULLED CHICKEN

プルドチキン＆
ハッシュブラウン

プルドチキンはりんごやBBQソースと蒸し煮にしてほぐしたもの。
鶏むね肉は下ごしらえなしで作れます。
作りやすい４人分のレシピなので半量は保存して。
朝食の定番、じゃがいものハッシュブラウンといっしょに。

>> 作り方は59ページ

CHICKEN CAESAR SALAD

チキンシーザーサラダ

材料（2人分）
基本のグリルドチキン（P.68）　全量
ロメインレタス　1個
ドレッシング
マヨネーズ　大さじ3
牛乳　大さじ1
粉チーズ　大さじ1
アンチョビペースト　小さじ1
にんにく（すりおろし）　小さじ1
レモン汁　小さじ1
塩　ひとつまみ
こしょう　少々
パルメザンチーズ（薄切り）　適量
粗びき黒こしょう　少々

1　ロメインレタスは一口大に切って冷やしておく。
2　ボウルにドレッシングの材料を入れ、ハンドブレンダー（なければ泡立て器）でしっかり混ぜ合わせる。
3　レタスを器に盛り、食べやすく切ったグリルドチキンをのせてドレッシングをかける。パルメザンチーズを散らして、黒こしょうをふる。

チキンシーザーサラダといっしょに

BACON CHEESE MUFFINS

ベーコンチーズマフィン

材料（10個分）
強力粉　280g
ベーコン（かたまり）　30g
チェダーチーズ＊　30g
卵　1/2個分
プレーンヨーグルト（無糖）　80g
ベーキングパウダー　大さじ1
砂糖　15g
バター（有塩）　160g
＊同量のプロセスチーズでもOK

1　ベーコンは1cm角に切り、フライパンで油をひかずに炒める。チーズは5mm角に切る。
2　フードプロセッサーに強力粉、ベーキングパウダー、砂糖を入れて軽く撹拌する。さらにバターを加えて撹拌する。
3　卵、ヨーグルトを2に加えてざっくりと撹拌する。
4　ベーコンとチーズを加えてさっくりと混ぜ合わせる。
5　オーブンの天板にクッキングシートを敷く。4の生地をざっと10等分し、生地をざっくりと丸めて等間隔にのせる。
6　オーブンを200度に温めて5分焼き、180度に下げてさらに15分焼く。

PULLED CHICKEN
プルドチキン

プルドチキンといっしょに

HASH BROWNS
ハッシュブラウン

材料（作りやすい分量）
鶏むね肉　2枚（600g）
ソース
　バーベキューソース（市販）　150g
　玉ねぎ（すりおろし）　1/2個分
　りんご（すりおろし）　1/2個分
　にんにく（すりおろし）　1片分
　ウスターソース　大さじ3
　砂糖　大さじ2
　しょうゆ　大さじ1
　水　100㎖
　あればコリアンダーパウダー・
　　パプリカパウダー　各小さじ1/2
目玉焼き　2個分
タイム　適量

1　大きめのふたが閉まる鍋に鶏肉を入れ、混ぜ合わ
　　せたソースをかける。
2　ふたをして、弱めの中火で40〜50分、鶏肉が柔
　　らかくなるまで加熱する（圧力鍋なら約15分）。
3　火を止めて粗熱をとる。鶏肉を取り出して、繊維
　　に沿って食べやすくほぐす。鍋に残っているソー
　　スと合わせて全体にからめる。半量をハッシュブ
　　ラウンとともに器に盛り、目玉焼きをのせてタイ
　　ムを添える。
　　＊残った半量は冷蔵庫で4〜5日保存でき、サン
　　ドイッチの具やサラダのトッピングに使える。

材料（2人分）
じゃがいも　1個
玉ねぎ　1/2個
にんにく　1片
オリーブオイル　大さじ1
塩　小さじ1/3
こしょう　少々

1　じゃがいもは細切りにし、サッと水にさ
　　らして水けをきる。玉ねぎは薄切りにす
　　る。にんにくは薄切りにする。
2　フライパンにオリーブオイルを中火で熱
　　し、玉ねぎを炒める。しんなりしてきた
　　らじゃがいも、にんにくを加え、じゃが
　　いもに火が通って焼き色がつくまで炒め
　　る。塩、こしょうで味を調える。

コブサラダ

材料を同じような大きさに切りそろえた
アメリカ生まれのサラダ。野菜はもちろん、
鶏むね肉やゆで卵、チーズも入って具だくさん!
フルーティーなコブソースをかけて。

>> 作り方は62ページ

COBB SALAD

CHICKEN AND FRUIT SALAD

チキンと
フルーツのサラダ

サラダチキンに、グレープフルーツとりんごを
合わせてサラダに。果物の自然な甘みが、
淡泊なサラダチキンとベストマッチ。
さわやかなヨーグルトドレッシングをかけていただきます。

>> 作り方は62ページ

COBB SALAD

コブサラダ

材料（2人分）
鶏むね肉＊　1枚（300g）
ゆで卵　2個
アボカド　1/2個
レタス　2〜3枚
ミディトマト　8個
ブルーチーズ　30g
こしょう　少々
酢　少々
オリーブオイル　大さじ1
コブソース
　りんご（すりおろし）　50g
　にんにく（すりおろし）　1/2片分
　サラダ油　大さじ3
　酢　大さじ1
　塩　小さじ1/2
　こしょう　少々
＊ブライン（P.6）したもの

1　鶏肉は皮を除き、厚い部分を切り開いて均一
　にし、こしょうをふる。フライパンにオリー
　ブオイルを中火で熱し、鶏肉を2分ほど焼く。
　返して1分焼き、さらに3〜4回返して1分
　ずつ焼く。粗熱がとれたら取り出して1cm角
　に切る。
2　ブルーチーズ、アボカドも1cm角に切り、ア
　ボカドには酢をかけておく。ゆで卵も鶏肉な
　どと大きさをそろえて切り、レタスは食べや
　すく切る。ミディトマトはくし形切りにする。
3　ボウルにコブソースの材料を入れ、泡立て器
　で混ぜる。1、2を器に盛り、ソースをかける。

CHICKEN AND FRUIT SALAD

チキンとフルーツのサラダ

材料（2人分）
基本のサラダチキン（P.64）　半量（150g）
グレープフルーツ　1/2個
りんご　1/2個
酢　少々
フレンチドレッシング
　サラダ油　大さじ2
　酢　大さじ1
　塩　小さじ1/3
　砂糖・こしょう　各少々
プレーンヨーグルト（無糖）　大さじ1
ミント　少々

1　サラダチキンは2cm角に切る。グレープフル
　ーツは薄皮をむく。りんごは皮つきのままい
　ちょう切りにし、酢をまぶす。
2　フレンチドレッシングの材料とヨーグルトを
　よく混ぜる。サラダチキン、グレープフルー
　ツ、りんごを加えてあえる。器に盛り、ミン
　トを添える。

2

SALADS

シンプル
チキンサラダ

電子レンジで作る「サラダチキン」、
フライパンで焼く「グリルドチキン」、
そして香味野菜と煮るだけの「ゆで鶏」の
3つのシンプルレシピが基本。
それぞれの基本レシピを使った
簡単なバリエーションもご紹介します。

STEAMED CHICKEN

基本のサラダチキン

電子レンジでチンするだけで手軽にできるサラダチキン。

レンジ加熱でもしっとり柔らかなのは、事前にブラインしておくから。

これさえあれば、サラダのバリエーションがグッと広がります。

CHICKEN COLESLAW
チキンコールスロー

基本のサラダチキンの材料（2人分）
鶏むね肉　1枚（300g）
ブライン液
　塩　小さじ2
　砂糖　大さじ1
　水　1カップ
酒　大さじ1

チキンコールスローの材料（2人分）
基本のサラダチキン　100g
キャベツ　1/4個
にんじん　1/8本（20g）
玉ねぎ　1/10個（20g）
塩　小さじ1/2
フレンチドレッシング（P.62）　半量（大さじ1と1/2）

> サラダチキンは切らずに手で繊維に沿って裂いて。味がよくなじみます

1
ブライン液を作る

ジッパーつき保存袋にブライン液を入れ、全体をもんで塩と砂糖を溶かす。

2
鶏肉をつける

鶏肉は厚い部分を切り開いて均一にし、1の袋に入れる。

3
冷蔵庫に入れる

鶏肉全体を浸して空気を抜き、冷蔵庫に入れる。24時間たったら完了。

4
ブライン液を捨てる

鶏肉はブライン液を捨てて、ジッパーつき保存袋（加熱用）に酒とともに入れ、耐熱皿にのせる。

5
レンジ加熱する

電子レンジで4分ほど加熱する。加熱中に1〜2度裏返す。取り出して粗熱がとれるまでそのままおき、余熱で火を通す。保存する場合は、袋の空気を抜き、蒸し汁ごと冷蔵庫で3日ほど保存できる。

6
コールスローを作る

サラダチキンは繊維に沿って細く裂き、使う直前まで蒸し汁につけておく。キャベツ、にんじん、玉ねぎはせん切りにし、塩をまぶす。しんなりしたら、固く絞る。蒸し汁をきったサラダチキンと野菜類をフレンチドレッシングであえる。

GERMAN POTATO SALAD

CHICKEN EGG SALAD

ジャーマンポテトサラダ

カリッと炒めたポテトと合わせた温かいサラダ。

材料（2人分）
基本のサラダチキン　　　**カレー風味ドレッシング**
　（P.64）　120g　　　　サラダ油
じゃがいも　1個　　　　　　大さじ2と1/2
グリーンカール　2枚　　　酢　大さじ1
サラダ油　小さじ2　　　砂糖・カレー粉
塩　ひとつまみ　　　　　　各小さじ1/2
こしょう　少々　　　　　塩　小さじ1/4
　　　　　　　　　　　　こしょう　少々
　　　　　　　　　粗びき黒こしょう　少々

1　サラダチキンは一口大のそぎ切りにする。
2　じゃがいもは皮つきのまま厚めのいちょう切りにする。フライパンにサラダ油を中火で熱し、じゃがいもを炒めて塩、こしょうをふる。
3　ボウルにカレー風味ドレッシングの材料をよく混ぜ、1、2を加えてあえる。ちぎったグリーンカールとともに器に盛り、黒こしょうをふる。

チキン卵サラダ

ゆで卵の優しい味が鶏むね肉とよく合います。

材料（2人分）
基本のサラダチキン　　　**A**　マヨネーズ　大さじ2
　（P.64）　120g　　　　　レリッシュ　大さじ1
ゆで卵　2個　　　　　　　　塩・こしょう　各少々
ブロッコリー　　　　　　粗びき黒こしょう　少々
　1/3個

1　サラダチキンは1cm角に切り、**A**を混ぜる。ゆで卵は粗く刻む。
2　ブロッコリーはかために塩ゆでし、ざるに上げて粗熱をとる。
3　1、2を合わせ、塩、こしょうで味を調える。器に盛り、黒こしょうをふる。

> **料理MEMO**
>
> **レリッシュ**　きゅうりのピクルスやハーブを刻んだ瓶詰。ここでは同量のピクルスのみじん切りで代用できる。

CHINESE STYLE TOFU SALAD

CHICKEN AND BEET SALAD

中華風豆腐サラダ

厚揚げの周りを切れば干し豆腐のようなおいしさ！

材料（2人分）
基本のサラダチキン（P.64）　120g
厚揚げ　1/2丁
赤ピーマン　1/2個
セロリ　1/2本（50g）
ザーサイ　30g
香菜　適量
A　ごま油　大さじ1と1/2
　　しょうゆ　小さじ1
　　砂糖　小さじ1/2
　　塩　小さじ1/3
　　こしょう　少々

1　サラダチキンは繊維に沿って細く裂く。厚揚
　　げは周りを切り落とし、細切りにする。赤ピ
　　ーマン、セロリ、ザーサイはせん切りにする。
　　香菜は2cm幅に切り、飾り用の香菜の葉をと
　　っておく。
2　ボウルにAの材料をよく混ぜ、1を加えてあ
　　える。器に盛り、香菜の葉をのせる。

チキンとビーツのサラダ

ビーツとりんごでおしゃれなサラダに。

材料（2人分）
基本のサラダチキン（P.64）　120g
ビーツ（水煮）　1缶（150g）
りんご　1/2個
フレンチドレッシング（P.62）　全量（大さじ3）
セルフィーユ　少々

1　サラダチキンは一口大のそぎ切りにする。ビー
　　ツ、りんごはいちょう切りにする。
2　フレンチドレッシングで1をあえて器に盛
　　り、セルフィーユをのせる。

料理 MEMO

ビーツ　かぶに似た形の野菜で甘み
があり、鮮やかな赤色が特徴。生の
ほか、水煮缶詰が手に入れやすい。

GRILLED CHICKEN

基本のグリルドチキン

グリルドチキンは、返しながら焼いてゆっくり火を通すのがコツ。

薄力粉をまぶして焼くことで皮膜になり、うまみが流れ出るのを防ぎます。

シンプルなグリルドチキンなので、ソースのバリエーションで変化をつけます。

GRILLED CHICKEN WITH CHILI SAUCE

チキンのチミチュリソース

基本のグリルドチキンの材料（2人分）
鶏むね肉　1枚（300g）
にんにく　1片
塩　小さじ1/2
こしょう　適量
薄力粉　適量
オリーブオイル　大さじ2

チキンのチミチュリソースの材料（2人分）
基本のグリルドチキン　全量
A　イタリアンパセリ　3枝
　　香菜　1枝
　　玉ねぎ　1/6個
　　にんにく　1片
　　赤唐辛子　1/3本
　　白ワインビネガー　大さじ1
　　塩　小さじ1
　　こしょう　少々

オリーブオイル　100mℓ
ミディトマト　2個
＊チミチュリソースは
　作りやすい分量。
　冷蔵庫で5日ほど保存できる

チミチュリソースは時間を
おくとおいしくなるので、
鶏肉を焼く前に作っておいて

1
厚みを均一にする

鶏肉は皮つきのまま塩、こしょう少々をふり、キッチンペーパーを巻いて10分ほど冷蔵庫に入れる。観音開き（P.9）にして全体の厚みを約1.5cmにそろえる。中央に縦に切り目を入れる。切り目から左側に包丁を寝かせて入れ、そぐようにして切り開く。上下を返し、反対側も同様に切り開く。

2
切り目を入れる

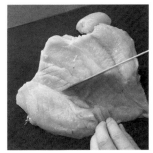

繊維を断ち切るように2cm間隔で全体に浅い切り目を入れる。手でさわってかたい筋があれば、4〜5か所ほど切り目を入れる。

3
めん棒でたたく

めん棒で全体をたたく。こうすることで繊維がつぶれて柔らかくなる。半分に切り、薄力粉をまぶす。

4
皮目から焼く

フライパンにオリーブオイル、つぶしたにんにくを入れて弱火で熱する。中火にして鶏肉を皮目を下にして入れ、2分ほど焼く。

5
返しながら焼く

返して1分焼き、さらに3〜4回返して1分ずつ焼き、皮にこんがりした焼き色をつけ、器に盛り、こしょう少々をふる。

6
ソースを作る

Aの材料をハンドブレンダーにかけて撹拌する。オリーブオイルを少しずつ加えながらなめらかになるまで撹拌する。5のグリルドチキンにかけ、半分に切ったミディトマトを添える。

GRILLED CHICKEN WITH LEMON SAUCE

GRILLED CHICKEN WITH MUSTARD SAUCE

レモンソースチキン

レモンのさわやかな酸味にバターのコクを加えて。

材料（2人分）
基本のグリルドチキン（P.68）　全量
白ワイン　大さじ3
レモン汁　1/2個分
レモンの輪切り　4枚
バター　大さじ2
塩・こしょう　各少々
ローズマリー　少々

1　グリルドチキンを焼いたフライパンに白ワインを加え、2分ほど中火で煮詰める。
2　レモン汁とレモンの輪切りを加えて火を止める。バターを加えて余熱で溶かし、塩、こしょうで味を調える。
3　器に盛ったグリルドチキンに2をかけ、レモンの輪切りとローズマリーをのせる。

マスタードソースチキン

肉をおいしくしてくれる粒マスタードをソースに。

材料（2人分）
基本のグリルドチキン　　生クリーム　50ml
　（P.68）　全量　　　　バター　小さじ1
白ワイン　大さじ3　　　塩・こしょう　各少々
粒マスタード　大さじ1　クレソン　少々

1　グリルドチキンを焼いたフライパンに白ワインを加え、2分ほど中火で煮詰める。
2　粒マスタードと生クリームを加え、ひと煮立ちしたら火を止める。バターを加えて余熱で溶かし、塩、こしょうで味を調える。
3　2を器に広げて盛り、グリルドチキンをのせ、クレソンを添える。

料理 MEMO

粒マスタード　からし菜の種に酢や白ワインを加え、種（粒）を残したもの。肉や魚によく合う。

GRILLED CHICKEN WITH HARISSA SAUCE

GRILLED CHICKEN WITH BLUE CHEESE SAUCE

ハリッサソースチキン

ピリッとしたハリッサの辛みをきかせて。

材料（2人分）
基本のグリルドチキン（P.68）　全量
A｜トマトソース（市販）　100g
　｜ハリッサ（粉末）　小さじ1/3
　｜ウスターソース　小さじ2
塩・こしょう　各少々
パセリ（みじん切り）　適量

1　グリルドチキンを焼いたフライパンに、**A**
　を加えてサッと温め、塩、こしょうで味を調
　える。
2　器に盛ったグリルドチキンに**1**をかけ、パセ
　リをのせる。

料理MEMO

ハリッサ　唐辛子をベースに複数の
スパイスを混ぜた辛口調味料。ペース
ト状の場合は小さじ1を加える。

ブルーチーズソースチキン

加熱するとブルーチーズが柔らかい味わいに。

材料（2人分）
基本のグリルドチキン（P.68）　全量
白ワイン　大さじ3
ブルーチーズ　20g
生クリーム　大さじ4
塩・こしょう　各少々
イタリアンパセリ　少々

1　グリルドチキンを焼いたフライパンに白ワイ
　ンを加え、2分ほど中火で煮詰める。
2　ブルーチーズと生クリームを加え、チーズが
　溶けるまで弱火にかける。塩、こしょうで味
　を調える。
3　器に盛ったグリルドチキンに**2**をかけ、イタ
　リアンパセリを添える。

BOILED CHICKEN

基本のゆで鶏

ゆで鶏は水からではなく、湯からゆでます。ゆでるときに浮いてくるので
落としぶたをして、全体をしっかり湯につからせてまんべんなく火を通しましょう。
サラダやあえ物などのサブおかずだけでなく、メインおかずにも幅広く使えます。

BANG BANG CHICKEN
棒棒鶏
（バンバンジー）

基本のゆで鶏の材料（2人分）
鶏むね肉　1枚（300g）
ブライン液
　塩　小さじ2
　砂糖　大さじ1
　水　1カップ
酒　大さじ1
長ねぎ（青い部分）・しょうがの皮
　各適量

棒棒鶏の材料（2人分）
基本のゆで鶏　150g
きゅうり　1本
トマト　1個
ごまだれ
　練りごま　50g
　しょうゆ　大さじ2
　酢・砂糖　各大さじ1
香菜　少々

　しょうが・にんにく（みじん切り）
　　各小さじ1/2
　長ねぎ（みじん切り）　大さじ2

> コクのあるごまだれが
> あっさりしたゆで鶏に
> よく合う中華の定番

1
厚みを均一にする

鶏肉は厚い部分を切り開いて均一にする。

2
ブラインする

ジッパーつき保存袋にブライン液を入れ、全体をもんで塩と砂糖を溶かす。鶏肉を袋に入れ、全体がつかるようにして空気を抜き、冷蔵庫に入れる。24時間たったら完了。

3
香味野菜を決める

和風・中華風に仕上げる場合は酒、長ねぎ（青い部分）、しょうがの皮を。洋風の場合は白ワイン、玉ねぎの皮、にんじんの皮といっしょにゆでる。

4
湯を沸かす

鍋に鶏肉を入れ、かぶるくらいの水、酒、長ねぎ、しょうがの皮を加える。いったん鶏肉を取り出して強火にかける。

5
鶏肉をゆでる

煮立ったら鶏肉を戻し入れ、弱火にして落としぶたをし、2〜3分ゆでる。火を止めてふたをして、粗熱がとれるまでそのままおいて火を通す。アクがあれば除き、香味野菜を除いてゆで汁ごと容器に入れ、冷蔵庫で3日ほど保存できる。

6
棒棒鶏を作る

鶏肉は繊維に沿って裂き、使う直前までゆで汁につけておく。きゅうりは細長い斜め切りに、トマトは薄い半月切りにする。器にトマト、きゅうり、ゆで汁をきった鶏肉の順に盛り、ごまだれの材料をよく混ぜてかけ、香菜をのせる。

CHICKEN SALAD WITH PICKLED PLUMS

CHICKEN AND BURDOCK SALAD

鶏の梅しょうゆあえ

箸休めにもなるすっきり、さっぱりした味わい。

材料（2人分）
基本のゆで鶏（P.72）　150g
きゅうり　1/2本
しょうが　1かけ
A｜しょうゆ　小さじ2
　｜梅肉・みりん・ごま油・砂糖　各小さじ1

1　ゆで鶏は1cm角に切る。きゅうりは板ずりして1cm角に切る。
2　しょうがはごく細いせん切りにする。
3　ボウルにAの材料を混ぜ合わせ、1を加えてあえる。器に盛り、2の針しょうがをのせる。

MEMO

● ゆで鶏ときゅうりは同じサイズに切りそろえると、調味料が均一にからみます。

鶏とごぼうのサラダ

ごぼうのシャキッとした食感もごちそうです。

材料（2人分）
基本のゆで鶏（P.72）　150g
ごぼう　1/3本
にんじん　1/5本（30g）
A｜マヨネーズ　大さじ3
　｜しょうゆ　大さじ1
　｜練りがらし　小さじ1
　｜砂糖　ひとつまみ
白ごま　少々

1　ゆで鶏は細切りにする。
2　ごぼうとにんじんはせん切りにし、2分ほど塩ゆでしてざるに上げて冷ます。
3　1と2をAの調味料であえる。器に盛ってごまをふる。

**CHICKEN AND
CELERY SALAD**

**CHICKEN WITH
MARINATED AVOCADO**

チキンとセロリのチリソース

酢じょうゆベースにラー油でアクセントをつけて。

材料（2人分）
基本のゆで鶏（P.72） 150g
セロリ 1/3本
クレソン 2本
A｜しょうゆ・酢 各大さじ1
　｜にんにく（すりおろし） 1片分
　｜砂糖 ひとつまみ
　｜ラー油 少々

1 ゆで鶏は細く裂く。セロリは筋を除いて薄い
　短冊切りにする。クレソンは葉を摘む。
2 ボウルにAの材料を混ぜ合わせ、1を加えて
　あえる。

MEMO

● ゆで鶏は柔らかいので繊維に沿っ
　て手でラクに裂けます。裂いた面が
　ギザギザなので味がよくしみます。

鶏とアボカドのあえ物

まったりしたアボカドがあっさりしたゆで鶏と好相性。

材料（2人分）
基本のゆで鶏（P.72） 150g
アボカド 1/2個
ミニトマト 6個
わさび（すりおろし） 少々
レモン汁 小さじ1
A｜しょうゆ 小さじ2
　｜みりん・酒 各小さじ1

1 ゆで鶏は小さめのそぎ切りにする。混ぜ合わ
　せたAの半量にわさびを混ぜ、ゆで鶏をつけ
　る。
2 アボカドは5mm厚さのいちょう切りにする。
　ミニトマトは半分に切る。残りのAとレモン
　汁を混ぜてアボカドとトマトをつける。
3 1、2の汁けをきって器に盛る。

CHICKEN RECIPES FOR ATHLETES

アスリートチキン飯

低脂肪高たんぱくの鶏むね肉は、アスリートの体づくりに最適の素材。

大リーガー・大谷翔平選手に勝手に贈る妄想レシピ…ですが、誰にでもおいしくて健康的な分量に調整しました。

CHICKEN AND BROCCOLI PASTA

チキンブロッコリーパスタ

たっぷりのブロッコリーは、パスタといっしょに
柔らかくゆで、炒めるときは木べらで
ざっくりとつぶします。ソースとしてパスタと
よくからむように仕上げるのがおいしさのコツ。

体にいい理由

全身のエネルギー源となる炭水化物。パワーを使う試合前には特に大切。骨格や筋肉造成に関わるテストステロンを増やすブロッコリーを合わせて。にんにくはたんぱく質の代謝を促すビタミンB_6が豊富。

材料（2人分）
鶏むね肉*　150g
ロングパスタ（細めのもの）　140g
ブロッコリー　1個
にんにく　2片
こしょう　少々
オリーブオイル　大さじ2
塩・こしょう　各適量
粉チーズ　適量
*ブライン（P.6）しておくとよりおいしい

1　鶏肉は小さめのそぎ切りにし、こしょうをふる。にんにくはつぶす。フライパンにオリーブオイル、鶏肉、にんにくを入れて弱火にかけ、火が通るまでじっくり炒める。

2　ブロッコリーは小房に分け、塩大さじ1（分量外）を加えたたっぷりの湯でゆで始める。2分くらいたったらパスタも加えて袋の表示時間より1分少なくゆでる。ゆで汁1カップを取り分け、ブロッコリーとパスタをいっしょにざるに上げる。

3　1のフライパンにブロッコリーとパスタを加え、アルデンテになるまで中火にかける。ブロッコリーは木べらでつぶしながら全体にからめる。途中、水分が足りなければゆで汁を少しずつ加える。塩、こしょうで味を調える。好みで粉チーズをふる。

JAPANESE CHICKEN PILAF
鶏とごぼうの炊き込みご飯

相性のいい鶏肉とごぼうを炊き込みご飯に。
根菜類やきのこも加え、うまみも栄養もアップ。
鶏むね肉は小さく切り、霜降りしてから
炊き上がったご飯にのせて蒸らし、火を通します。

材料（作りやすい分量）
米　3合
鶏むね肉*　200g
干ししいたけ　2枚
ごぼう　1/2本（50g）
にんじん　1/5本（30g）
たけのこ（水煮）　50g
A ┃ しょうゆ　大さじ1と1/2
　　┃ みりん・酒　各大さじ1
　　┃ 塩　小さじ1/3
酒・しょうゆ　各小さじ2
きぬさや（あれば）　5枚
＊ブライン（P.6）しておくとよりおいしい

1　干ししいたけは水で戻しておく。米は洗って浸水させ、ざるに上げておく。
2　干ししいたけ、ごぼう、にんじんは2cm長さの細切りにする。たけのこは薄いいちょう切りにする。
3　炊飯器に米と**A**の調味料を入れ、3合の目盛りまで水を加えて一度混ぜる。**2**をのせて普通に炊く。
4　鶏肉は細切りにする。酒、しょうゆで下味をつけ、熱湯にサッとくぐらせておく（霜降り）。きぬさやは塩ゆでしておく。
5　炊き上がったら**4**の鶏肉をのせてふたをし、10分ほど蒸らす。器に盛り、せん切りにしたきぬさやをのせる。

MARINATED GRILLED CHICKEN AND VEGETABLES

鶏と緑黄色野菜の焼きびたし

鶏むね肉だけでなくオクラやかぼちゃなどの
野菜にもしっかり味がしみて絶妙なおいしさ。
焼き上げてすぐにつけると調味料がよく浸透します。
つけ汁は市販のめんつゆを使って手軽に。

材料（2人分）
鶏むね肉＊1　1枚（300g）
オクラ　4本
赤パプリカ　1個
かぼちゃ　1/6個
片栗粉　適量
A：めんつゆ＊2　150㎖
　：砂糖　小さじ2
オリーブオイル　大さじ1
＊1　キッチンペーパー巻き（P.7）をしたもの
＊2　かけつゆの濃さに調整したもの

1　鶏肉はそぎ切りにして片栗粉をまぶす。オクラはがくのま
　　わりをむく。赤パプリカ、かぼちゃは一口大に切る。
2　バットなどに**A**を合わせておく。
3　フライパンにオリーブオイルを中火で熱し、鶏肉、オクラ、
　　パプリカ、かぼちゃを加えて火が通るまでしっかり焼く。
4　熱いうちに**2**につけ、冷めるまでそのままおく。

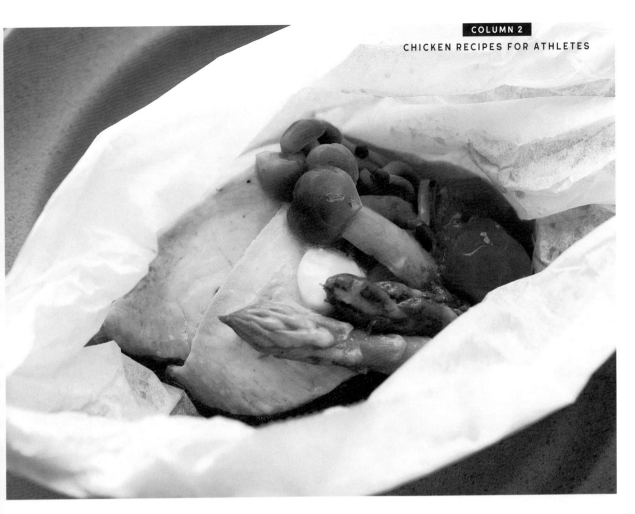

CHICKEN AND SUMMER VEGETABLES EN PAPILLOTE

鶏とアスパラの紙包み蒸し

うまみを逃さず食べられる紙包み蒸し。
電子レンジで作るので簡単ですが、
加熱ムラを避けるために1人分ずつ作ります。
熱いうちにしょうゆとバターを落とし、香りも楽しんで。

体にいい理由

アスパラガスはスタミナを増強するアスパラギン酸と、ストレスを軽減させるGABAが含まれます。体を強くすると同時にリラックスもさせ、いい休息が期待できます。むね肉の疲労回復効果も見逃せません。

材料（2人分）
鶏むね肉＊　1枚（300ｇ）
アスパラガス　4本
ミニトマト　6個
しめじ　1/2パック
オリーブオイル　小さじ1
しょうゆ　小さじ2
バター　適量
こしょう　少々
＊キッチンペーパー巻き（P.7）をしたもの

1　鶏肉はオリーブオイルを全体にまぶしてもみ、そぎ切りにする。アスパラガスは3〜4cm長さに切る。ミニトマトは半分に切る。しめじは根元を切り、小房に分ける。

2　1人分ずつ包む。オーブンペーパーにバター少々を塗り、**1**の半量をのせてペーパーを折って閉じる。残りも同様に作る。

3　1人分ずつ加熱する。電子レンジで2分ほど加熱する。様子を見て、火が通っていなければ追加して加熱する。残りも同様に作る。

4　ペーパーを開いて、それぞれ熱いうちにしょうゆ、バター小さじ1を加え、こしょうをふる。

ROAST CHICKEN AND VEGETABLES

ローストチキンと焼き野菜

香味野菜入りでブラインしておけば、パサつきがちな
ローストチキンもしっとり、風味よく焼き上がります。
野菜とともにオーブンで焼くだけなので意外に手軽。
多めに作ればおもてなしにもぴったりです。

材料（2人分）

鶏むね肉　1枚（300g）	香味野菜＊　適量
じゃがいも　1個	オリーブオイル
カリフラワー　1/2個	大さじ1
ズッキーニ　1本	こしょう　少々
にんじん　1/4本	**A**｜オリーブオイル
ブライン液	大さじ2
｜塩　小さじ2	｜塩　小さじ1/2
｜砂糖　大さじ1	｜こしょう　少々
｜水　1カップ	＊にんじんの皮や
にんにく　1片	玉ねぎの皮など

1　鶏肉は中央に切り目を入れる。ジッパーつき保存袋に
ブライン液とにんにく、香味野菜を入れ、鶏肉を加え
る。全体がつかるようにして空気を抜き、冷蔵庫に
24時間入れる（P.6）。

2　鶏肉を取り出して汁けをふき、オリーブオイルを全体
に塗ってこしょうをふる。

3　じゃがいもは皮つきのまま乱切りにする。カリフラワ
ーは小房に分ける。ズッキーニは4cm長さの4つ割り
にする。にんじんは4cm長さの8つ割りにする。

4　**3**の野菜に**A**をまぶし、**2**の鶏肉とともにオーブンの
天板にのせ、220度のオーブンで20分ほど焼く。取り
出してそのまま10分ほどおいてから器に盛る。

HOT AND SOUR SOUP
酸辣湯
サンラータン

酸味と辛みが体をシャキッとよみがえらせて
くれる酸辣湯。酢は加熱すると酸味が
とんでしまうので、火を止めてから加えます。
ほどよいとろみで体を温める効果も。

<table>
<tr><td>体にいい理由</td></tr>
</table>

体にいい理由

酢のアミノ酸は胃酸分泌を促して消化を助
け、食欲増進。酢酸には疲労回復効果も。
ラー油の唐辛子成分は血行を促進させ、
筋肉がほぐれやすくなります。中国では薬
膳料理のひとつとして知られています。

材料（2人分）
鶏むね肉＊　120g
豆腐　1/6丁（約60g）
にんじん　1/5本（30g）
干ししいたけ　2枚
卵　2個
中華スープ　500㎖
塩　小さじ1/2
しょうゆ・酒　各小さじ2
片栗粉　小さじ1と1/2
酢　大さじ1
ラー油　小さじ1
にら　適量
＊ブライン（P.6）しておくとよりおいしい

1　干ししいたけは水で戻す。鶏肉、豆腐、にんじん、干ししいたけは4cm長さの細切りにする。にらは3cm長さに切る。

2　鍋に中華スープ、塩、しょうゆ、酒を入れて強火にかけて煮立たせる。鶏肉、豆腐、にんじん、干ししいたけを加えて弱めの中火にし、5分ほど煮る。

3　小さな器に片栗粉と水大さじ1を混ぜて鍋に回し入れ、とろみをつける。溶き卵を回し入れ、酢とラー油を加える。器に盛ってにらをのせる。

INFORMATION

ロサンゼルス・エンゼルスの本拠地売店フード

エンゼルスの球場は自宅から車で15分のご近所。大谷選手へ贈るアスリート飯のおまけとして、
球場グルメをリポートします。ここでも鶏むね肉が人気なんですよ。

大谷翔平選手の活躍見たさに
今年は20回ほど球場へ

大谷選手の活躍を見逃さないよう、特に登板日は必ずエンゼルスの球場に駆けつける私。幸いなことに家から近くて行きやすく、月に3～4回くらい出かけているので球場はすっかりなじみの場所。写真は、球場内でも人通りの多いメインストリートにある、推しの大谷選手の看板の前で撮ったものです。メジャーリーグ随一の大スターなので、球場内にはいたるところに大谷選手の写真が。もちろんおみやげ屋さんにも大谷選手のグッズがたくさん！

エンゼル・スタジアム・オブ・アナハイムの
鶏むねスナックが人気

私が気に入っているエンゼルスの球場グルメは、チキンテンダーフライ。鶏むね肉のスナックです。エンゼルスの本拠地、エンゼル・スタジアム・オブ・アナハイムにはフードの売店が数えきれないほどありますが、その中でも人気が高いのが、写真のこのショップ。チキンテンダーフライをメインに扱っています。手前に写っているのは、大谷選手のユニフォームを着て、気合を入れた応援スタイルの娘。家族や友人と野球観戦する楽しみは私のカリフォルニア暮らしに欠かせません。

サクッと揚がったチキンテンダーフライは
むね肉のジューシーさが味わえます

球場内のチキンテンダーフライは、ポピュラーなだけあってなかなかおいしいのです。下味がしっかりつけられていて、むね肉はしっとり、柔らか。厚めの衣はカリッとしていて、いくらでも食べられてしまいます。写真はいちばん小さいパックで、チキンテンダーフライ4つほどにフライドポテトがついて、15ドルくらい。カリフォルニアらしいさわやかな青空のもと、大好きな大谷選手を応援しながら、チキンテンダーフライとビールを楽しむのは最高です。

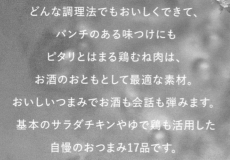

どんな調理法でもおいしくできて、
パンチのある味つけにも
ピタリとはまる鶏むね肉は、
お酒のおともとして最適な素材。
おいしいつまみでお酒も会話も弾みます。
基本のサラダチキンやゆで鶏も活用した
自慢のおつまみ17品です。

3
APPETIZERS

おつまみ

CHICKEN STICKS

スティックフライ

棒状に切った鶏肉に衣をつけてカリッと揚げます。
マヨネーズをまぶしているので揚げてもパサつかず、
むね肉がしっとり柔らかく仕上がります。

材料（2人分）
鶏むね肉＊　1枚
こしょう　少々
マヨネーズ　50g
パン粉　適量
揚げ油　適量
パセリ　少々
＊ブライン（P.6）しておくとよりおいしい

1 鶏肉は繊維を切るように、1cm角・5cm長さの棒状に切る。

2 パン粉は袋の上からざっともんで細かくする。鶏肉にこしょうをふり、マヨネーズをまぶして、パン粉をまぶしつける（**POINT 1**）。

3 揚げ油を170度（中温）に熱して、**2**を揚げる（**POINT 2**）。揚げ網にとって余熱で火を通す。

4 器に盛ってパセリを添え、3種ソースの材料（**MEMO**参照）をそれぞれ混ぜ合わせて添える。

MEMO

● ケチャップソース（右上）：ケチャップ大さじ2、ウスターソース大さじ1、レモン汁小さじ1

● カレーマヨネーズソース（左）：マヨネーズ大さじ3、カレー粉小さじ1、こしょう少々

● ハニーマスタードソース（下）：粒マスタード大さじ2、はちみつ大さじ1、塩小さじ1/3、こしょう少々

POINT 1

卵液代わりに
マヨネーズをまぶす

POINT 2

きつね色になるまで
揚げる

BANH MI

バインミー

ベトナム生まれのバゲットサンド。
エスニック風の下味をつけて焼いた鶏むね肉、
甘酸っぱい大根とにんじん、香菜をはさんで。
ビールにもよく合います。

POINT

にんじん、大根の上に
鶏肉をのせる

材料（4本分）
鶏むね肉＊　1枚（300ｇ）
バゲット（柔らかいもの）　小4本
にんじん　30ｇ
大根　60ｇ
A｜ナンプラー・オイスターソース・
　　はちみつ・砂糖　各大さじ1/2
サラダ油　小さじ1
酢・砂糖　各大さじ1
塩　ひとつまみ
バター・マヨネーズ　各適量
香菜　適量
＊キッチンペーパー巻き（P.7）をしたもの

1　鶏肉はそぎ切りにする。**A**を混ぜ合わせて鶏肉にもみ込み、1時間ほどおく。フライパンにサラダ油を中火で熱し、鶏肉を返しながら焼く。

2　にんじん、大根は5cm長さの細切りにする。酢、砂糖、塩をまぶして10分ほどおいて水けを絞る。

3　バゲットに切り目を入れ、内側にバターを塗る。にんじん、大根、鶏肉、香菜を順にはさみ、マヨネーズをかける（**POINT**）。食べやすい大きさに切る。

CHICKEN TORTILLA WRAPS

トルティーヤ

メキシコ生まれのトルティーヤですが、
アメリカでも大人気。
チリパウダーをまぶして焼いた鶏むね肉に
トマトサルサとワカモレは作りやすい分量です。

POINT

4～5回返しながら
焼いて火を通す

材料（2枚分）
鶏むね肉＊　1/2枚（150g）
トルティーヤ　2枚
グリーンカール　2枚
紫玉ねぎ（薄切り）　1/4個分
サワークリーム
　　大さじ1と1/2
トマトサルサ
　トマト　1個
　玉ねぎ　1/4個
　にんにく（みじん切り）
　　　1片分
　香菜（みじん切り）
　　　2枝分
　塩　小さじ1/2
　こしょう・タバスコ
　　　各少々

ワカモレ
　アボカド　1個
　玉ねぎ（みじん切り）
　　　1/4個分
　にんにく（みじん切り）
　　　1片分
　塩　小さじ1/3
　レモン汁　小さじ1
　こしょう・チリパウダー
　　　各少々
A　オリーブオイル　小さじ2
　塩・チリパウダー
　　　各小さじ1/3
　こしょう・ガーリック
　　　パウダー　各少々
＊キッチンペーパー巻き（P.7）
　をしたもの

1　トマトサルサを作る。トマト、玉ね
　ぎは1cm角に切り、にんにく、香菜
　と合わせ、塩、こしょう、タバスコ
　であえて30分ほどおく。

2　ワカモレを作る。アボカドはフォー
　クでつぶし、玉ねぎ、にんにくを混
　ぜ、塩、レモン汁、こしょう、チリ
　パウダーであえる。

3　鶏肉はそぎ切りにしてAの調味料を
　まぶす。フライパンを中火で熱し、
　油をひかずに焼く。上下を返しなが
　ら焼いて火を通す（POINT）。

4　トルティーヤに食べやすくちぎった
　グリーンカールを敷き、トマトサル
　サ、鶏肉、ワカモレ、紫玉ねぎ、サ
　ワークリームを順にのせて包む。

FRESH SPRING ROLLS
WITH CHICKEN

CHICKEN AND
SHRIMP TOAST

鶏の生春巻き

食卓がグッと華やぐエスニックの定番。

材料（2人分）

基本のサラダチキン（P.64）＊ 150g	**A**	ナンプラー　大さじ1
きゅうり　1/3本（40g）		砂糖・レモン汁 大さじ1/2
にんじん　1/4本（40g）		
にら　1本	**B**	スイートチリソース 大さじ2
グリーンカール　2枚		ナンプラー　小さじ1
ライスペーパー　2枚		

＊同量の基本のゆで鶏
（P.72）でもOK

1　サラダチキンは細く裂く。きゅうり、にんじん
　　は細切りにする。にらは長さを半分に切る。き
　　ゅうり、にんじんは**A**であえておく。ライスペー
　　パーを水で戻しておく。

2　1枚ずつ作る。ライスペーパー1枚に、半量の
　　グリーンカール、サラダチキン、にら、汁けを
　　きったきゅうりとにんじんをのせ、しっかり巻
　　く。残りも同様に作る。

3　**2**を食べやすく切って器に盛り、**B**を合わせて
　　添える。

鶏えびトースト

ひき肉とえびのペーストをパンに塗って揚げます。

材料（2人分）

鶏むねひき肉　150g

むきえび　150g

サンドイッチパン　2枚

A	にんにく　1片
	溶き卵　大さじ1
	酒　小さじ1
	塩　小さじ1/3
	砂糖・こしょう　各ひとつまみ

香菜・揚げ油　各適量

1　背ワタを除いたむきえびと**A**をフード
　　プロセッサーで撹拌する。

2　ひき肉を**1**に加え、さらに撹拌する。

3　サンドイッチパン1枚を三角に4等分
　　に切り、**2**を塗って香菜を上に張る。

4　揚げ油を170度（中温）に熱し、**3**をカ
　　リッと揚げる。

CHICKEN SATAY

BBQ CHICKEN

鶏のサテ

ピーナッツバターの濃厚な風味が鶏むね肉にぴったり!

材料(4本分)
鶏むね肉*　1枚(300g)
にんにく(すりおろし)　1片分
しょうが(すりおろし)　1かけ分
A　ピーナッツバター・砂糖　各大さじ2
　　ナンプラー　大さじ1
香菜　少々
*ブライン(P.6)しておくとよりおいしい

1　鶏肉は一口大に切ってにんにく、しょうがを
　　もみ込む。
2　Aを混ぜ合わせ、さらに1の鶏肉にもみ込む。
3　2を串に刺し、魚焼きグリルを中火で熱し、
　　火が通るまで焼く。焼いている途中で残った
　　Aのたれを塗る。器に盛り、香菜を添える。

チキンBBQ

はちみつ入りの甘辛いソースに漬け込んで焼きます。

材料(4本分)
鶏むね肉*　1枚(300g)
玉ねぎ　1/3個
パプリカ　1/3個
ズッキーニ　1/3本
A　ケチャップ　大さじ4
　　中濃ソース　大さじ2
　　にんにく(すりおろし)　小さじ1
　　はちみつ・粒マスタード　各小さじ1
　　こしょう　少々
*ブライン(P.6)しておくとよりおいしい

1　鶏肉と野菜は大きめの一口大に切る。
2　Aの材料を混ぜ合わせる。鶏肉と野菜をAに
　　漬けて1時間ほどおく。
3　2はたれをきってバーベキュー串に刺す。魚
　　焼きグリルを中火で熱し、火が通るまで焼
　　く。途中で2回ほど、余ったたれを塗りなが
　　ら焼く。

CHICKEN AND WOOD EAR MUSHROOM SALAD

KOREAN CHICKEN SALAD

鶏ときくらげのあえ物

さっぱりしたサラダチキンをピリッとした甘酢であえて。

材料（2人分）
基本のサラダチキン（P.64）＊　150g
きくらげ（乾燥）10g
もやし　100g
きゅうり　1/3本
A｜しょうゆ・酢　各大さじ1
　｜砂糖・ごま油　各小さじ1
　｜長ねぎ・しょうが（みじん切り）　各小さじ2
　｜豆板醤　少々
＊同量の基本のゆで鶏（P.72）でもOK

1　きくらげは水で戻し、一口大に切る。もやし
　　は耐熱の器に入れ、ラップをして電子レンジ
　　で40秒ほど加熱し、冷ましておく。サラダ
　　チキンは一口大に切る。きゅうりは乱切りに
　　する。
2　Aの材料をよく混ぜ、1を加えてあえる。

韓国風サラダ

焼いた鶏肉をレタスやえごまの葉で巻いていただきます。

材料（2人分）
鶏むね肉＊　1/2枚（150g）
サニーレタス　4枚
えごまの葉　8枚
長ねぎ（白い部分）　1/2本
コチュジャン　大さじ2
A｜しょうゆ・みりん・酒　各小さじ2
サラダ油　小さじ1
＊ブライン（P.6）しておくとよりおいしい

1　鶏肉はそぎ切りにし、Aで下味をつける。
　　フライパンにサラダ油を中火で熱し、返しな
　　がら焼く。
2　サニーレタスは大きめにちぎる。長ねぎは
　　5cm長さの白髪ねぎにする。
3　器に盛り、サニーレタス、えごまの葉に鶏肉、
　　長ねぎをのせて巻き、コチュジャンをつけて
　　食べる。

CHICKEN AND SHREDDED POTATO SALAD

CHICKEN AND CARROT NAMUL

鶏とじゃがいものあえ物

シャキシャキのせん切りじゃがいもにチキンを合わせて。

材料（2人分）
基本のサラダチキン（P.64）＊　150g
じゃがいも　1個（200g）
香菜　5〜6本
にんにく（すりおろし）　1片分
ごま油　大さじ2
A ┌ 砂糖　小さじ1/3
　│ しょうゆ・塩　各小さじ1/4
　└ こしょう　少々
＊同量の基本のゆで鶏（P.72）でもOK

1　サラダチキンは細く裂く。香菜は2cm長さに
　切る。じゃがいもはせん切りにし、熱湯で
　10秒塩ゆでして水にさらす。
2　ボウルににんにく、ごま油を混ぜ、Aを加
　えてさらに混ぜる。サラダチキン、香菜、水
　けをよくきったじゃがいもを加えてあえる。

鶏とにんじんのナムル

にんじんはレンチンでOK。サラダチキンでうまみアップ。

材料（2人分）
基本のサラダチキン（P.64）＊　150g
にんじん　1本
塩　小さじ1/3
砂糖　ひとつまみ
ごま油　小さじ1/2
すりごま　小さじ1
＊同量の基本のゆで鶏（P.72）でもOK

1　サラダチキンは5cm長さに細く裂く。
2　にんじんは5cm長さのせん切りにし、サッと
　ぬらしてラップで包み、電子レンジで20秒
　ほど加熱する。熱いうちに塩、砂糖をふって
　混ぜ、サラダチキンと合わせる。
3　粗熱がとれたら、ごま油、すりごまを加え
　て混ぜる。

CHICKEN CUTLET ON A STICK

CHICKEN TEMPURA

鶏の梅しそ串カツ

薄切りにした鶏肉にしそと梅肉、チーズを巻いて串カツに。

材料（2本分）
鶏むね肉*　1/2枚（150g）　パン粉　適量
青じそ　2枚　　　　　　　　揚げ油　適量
プロセスチーズ　30g　　　　中濃ソース　適量
梅肉　大さじ1　　　　　　　*キッチンペーパー巻き
A｜卵液　1/2個分　　　　　　（P.7）をしたもの
　｜薄力粉　大さじ3
　｜水　小さじ1

1　鶏肉は半冷凍して、4等分の大きな薄切りに
　する。青じそは半分に切る。プロセスチーズ
　は4等分の棒状に切る。
2　鶏肉1枚に1/4量の梅肉を塗り、青じそ1/2
　枚とプロセスチーズ1切れを順にのせてロー
　ル状に巻いて串に刺す。残りの鶏肉3枚分も
　同様に作る。1本の串に鶏肉2枚分を刺す。
3　Aを混ぜ合わせて2にからめ、パン粉をまぶ
　す。
4　揚げ油を170度（中温）に熱し、3をきつね色
　になるまで揚げる。器に盛り、ソースを添える。

鶏天

鶏の天ぷらにしっかりしょうがの風味をきかせて。

材料（2人分）
鶏むね肉*1　1枚（300g）
A｜しょうが（すりおろし）　小さじ2
　｜酒　小さじ2
　｜だししょうゆ*2　小さじ2
天ぷら粉（市販）　100g
冷水　150mℓ
薄力粉　適量
揚げ油　適量
*1　キッチンペーパー巻き（P.7）をしたもの
*2　しょうゆ小さじ1で代用できる

1　鶏肉はそぎ切りにし、Aをもみ込んで冷蔵
　庫に半日ほどおく。
2　天ぷら粉に冷水を加え、ダマがなくなるまで
　混ぜて衣を作る。鶏肉の汁けをふいて薄力粉
　を薄くまぶす。
3　揚げ油を170度（中温）に熱し、2の鶏肉に衣
　をつけて揚げる。

CHICKEN AND
CRAB STICK SALAD

CHICKEN AND
KOMATSUNA-SPINACH IN
JAPANESE BROTH

鶏とかにかまの酢じょうゆかけ

きゅうりやみょうがも加えたさっぱり味のおつまみ。

材料（2人分）
基本のサラダチキン（P.64）＊　150g
かに風味かまぼこ　50g
きゅうり　1本
みょうが　1/2個
A｜しょうゆ・酢　各大さじ1
　｜砂糖　大さじ1/2
　｜塩　小さじ1/4
＊同量の基本のゆで鶏（P.72）でもOK

1　サラダチキン、かにかまぼこは細く裂く。き
　ゅうり、みょうがは斜めにせん切りにする。
2　サラダチキン、かにかまぼこ、きゅうりを器
　に盛り、混ぜ合わせたAをかけ、みょうがを
　のせる。

鶏と小松菜のおひたし

ほっと落ち着く和の味。油揚げでコクを加えました。

材料（2人分）
鶏むね肉＊1　　　　めんつゆ＊2　300ml
　1/2枚（150g）　＊1　キッチンペーパー巻き
小松菜　3株　　　　　　（P.7）をしたもの
油揚げ　1/2枚　　＊2　かけつゆの濃さに
片栗粉　適量　　　　　　調整したもの

1　鶏肉はそぎ切りにし、片栗粉をまぶす。まず、
　鶏肉を熱湯でサッと塩ゆでし、すくって引き
　上げる。
2　1の鍋のアクを除いて小松菜をサッとゆで、
　水にとって冷まし、水けをしっかり絞って3
　cm長さに切る。同じ鍋で油揚げをサッとゆで
　て油抜きし、取り出して細切りにする。
3　別の鍋にめんつゆを入れてひと煮立ちさせ、
　鶏肉、小松菜、油揚げを加えて粗熱がとれる
　まで浸す。

CHICKEN AJILLO

チキンアヒージョ

鶏肉と野菜をたっぷりのオリーブオイルで煮る、
スペインバルの代表的なおつまみ。
にんにくとアンチョビのうまみとコクもたっぷり。
うまみが溶け出したオイルにバゲットを浸して食べても。

POINT

全体がかぶるまで
オイルを注ぎ入れる

材料（2人分）
鶏むね肉＊　180g
マッシュルーム　4個
アスパラガス　4本
アンチョビ（フィレ）　2枚
にんにく　2片
赤唐辛子　1本
ローズマリー　1/2枝
オリーブオイル　適量
塩・こしょう　各少々
＊ブライン（P.6）しておくとよりおいしい

1　鶏肉は一口大に切る。マッシュルームは大きければ縦半分に切る。アスパラガスは4cm長さに切る。にんにくは薄切りにする。赤唐辛子は半分にちぎって種をとる。

2　小鍋に1、アンチョビ、ローズマリーを入れ、かぶるくらいまでオリーブオイルを加える（**POINT**）。

3　弱火で15分ほど火が通るまで煮る。塩、こしょうで味を調える。

CHICKEN PIZZAIOLA

鶏のピッツァイオーラ

薄く開いた鶏肉に、ピザ風の具やソース、
チーズをたっぷりのせて焼きます。
濃厚なピザソースやチーズが
淡泊な鶏肉を引き立ててくれます。

POINT

炒めた野菜を
まんべんなく広げる

材料（2人分）
鶏むね肉＊　1枚（300g）
玉ねぎ　1/2個
マッシュルーム　4個
にんにく　1片
ピザソース（市販）　100g
スライスチーズ（溶けるタイプ）　4枚
こしょう　少々
オリーブオイル　大さじ1
白ワイン　大さじ1
バジルの葉　少々
＊ブライン（P.6）しておくとよりおいしい

1　鶏肉は皮を除いて5mm厚さの観音開き（P.9）にし、こしょうをふる。玉ねぎは薄切りにする。マッシュルーム、にんにくも薄切りにする。

2　フライパンにオリーブオイルを中火で熱し、玉ねぎ、マッシュルーム、にんにくを加え、玉ねぎがしんなりするまで炒めて取り出す。

3　フライパンを中火で熱し、鶏肉を広げて入れ、サッと焼いて返す。鶏肉の上に2をのせる（POINT）。ピザソースをかけてチーズをのせ、白ワインを注ぎ入れてふたをし、チーズが溶けるまで蒸し焼きにする。器に盛り、バジルを添える。

中村奈津子
Natsuko Nakamura

料理研究家。
田中伶子クッキングスクール校長。
日本女子大学食物学科卒業後、ニューヨークのニュースクール、フィレンツェのラ・フォールアカデミーで学び、香港で中華料理も習得。家庭料理を教えるプロとしての確かな技術に加え、海外在住経験など幅広い知識を生かしたレシピに定評がある。料理教室運営のほか、企業への食関連の商品開発アドバイスや、テレビ番組のグルメコーナーでも活躍。
2021年から米国カリフォルニア州オレンジカウンティ在住。現地料理や食材に親しみ、レシピ開発に注力している。著書に『銀座で50年続く予約2年待ちの料理教室 一生使えるレシピ』（KADOKAWA）などがある。

田中伶子クッキングスクール
http://www.tanakacook.com

Staff

取材・構成	西前圭子
撮影	合田昌弘
スタイリング	澤入美佳
アートディレクション	藤崎良嗣 pond inc.
ブックデザイン	濵田樹子 pond inc.
校閲	滄流社
編集	泊出紀子

調理アシスト　森田いずみ　田中奏絵
　　　　　　　千倉留里子　土肥愛子
　　　　　　　野寺和花　林美和子　吉田留合

Special Thanks　古賀純二　佐川久子　神谷よしえ

＊撮影協力
UTUWA
株式会社チェリーテラス https://www.cherryterrace.co.jp
富士ホーロー株式会社 http://www.fujihoro.co.jp

衝撃的においしい
鶏むねレシピ

著　者	中村奈津子
編集人	泊出紀子
発行人	倉次辰男
発行所	株式会社主婦と生活社
	〒104-8357　東京都中央区京橋3-5-7
	TEL 03-3563-5129（編集部）
	TEL 03-3563-5121（販売部）
	TEL 03-3563-5125（生産部）
	https://www.shufu.co.jp/
製版所	東京カラーフォト・プロセス株式会社
印刷所	大日本印刷株式会社
製本所	株式会社若林製本工場

ISBN978-4-391-16073-4